L'*ABC*
de la simplicité volontaire

DOMINIQUE BOISVERT

L'*ABC*
de la simplicité volontaire

Préface de Serge Mongeau

LES ÉDITIONS
écosociété
MONTRÉAL

Direction éditoriale : Serge Mongeau

Direction de la production : Julie Mongeau

Révision : Nathalie Freytag

Graphisme de la couverture : Normand Poiré, commebleu

Conception de l'illustration : Jean-François Boisvert

Dessin : Gabrielle Boisvert, 6 ans

Mise en pages : Andréa Joseph [PageXpress]

© Dominique Boisvert, 2005
© Les Éditions Écosociété, 2005

Dépôt légal : 2ᵉ trimestre 2005

ISBN 2-923165-11-X

IMPRIMÉ AU CANADA

Les Éditions Écosociété
C.P. 32052, comptoir Saint-André
Montréal (Québec) H2L 4Y5

Données de catalogage avant publication (Canada)

Boisvert, Dominique, 1948-

   L'*ABC* de la simplicité volontaire
   Comprend des réf. bibliogr.
   ISBN 2-923165-11-X

   1. Simplicité volontaire. 2. Consommation (Économie politique) –
Apect social. I. Titre.

BJ1496.B64 2005   178   C2005-940729-8

Nous remercions le Conseil des Arts du Canada de l'aide accordée
à notre programme de publication. Nous reconnaissons l'aide financière du gouvernement du Canada par l'entremise du Programme
d'aide au développement de l'industrie de l'édition (PADIE) pour
nos activités d'édition.

Nous remercions le gouvernement du Québec de son soutien par
l'entremise du Programme de crédits d'impôt pour l'édition de livres
(gestion SODEC), et la SODEC pour son soutien financier.

à mes parents, qui sont une partie de mes sources
à Diane, qui m'accompagne depuis trente-cinq ans
à mes deux fils, qui m'interpellent pour l'avenir

toute ma gratitude à tous ceux et celles,
innombrables, d'ici et d'ailleurs,
connus ou anonymes,
qui ont contribué au contenu de ce livre...

Table des matières

Première partie
L'*ABC* de la simplicité volontaire

Préface

Je connais Dominique Boisvert et Diane Gariépy, sa conjointe, depuis fort longtemps. C'est Dominique qui est l'auteur de ce livre, mais je sais qu'il y a beaucoup de Diane dans son contenu, notamment du fait qu'ils vivent ensemble dans la simplicité volontaire depuis plus de trente ans. Leur entente, comme celle de tout couple, et surtout quand celui-ci s'est enrichi de deux enfants, n'a pu réussir qu'à force d'échanges, de discussions et souvent de compromis. Mais peut-il en être autrement ?

Chez Dominique, j'apprécie cette rare qualité qu'est l'authenticité : il n'y a pas chez lui de distance entre ce qu'il dit et ce qu'il vit. Ce qui en fait un communicateur hors pair, comme vous pourrez le constater dans les pages qui suivent.

Ce petit livre permet de saisir l'essentiel de la simplicité volontaire. Les nombreuses rencontres que j'ai eues avec des gens de tous les milieux – lors de mes conférences, de salons du livre et d'autres événements – m'ont clairement démontré le besoin d'un tel ouvrage. Bien des gens ont une vague idée de la simplicité volontaire, mais la plupart du temps ils en savent trop peu et ne se rendent pas compte des avantages qu'ils auraient à amorcer une réflexion plus poussée sur le sujet et surtout à intégrer dans leur vie un certain nombre de pratiques caractéristiques de la simplicité volontaire.

Dominique Boisvert n'est pas un néophyte de l'écriture ; mais à ce jour, il s'était contenté de rédiger des textes pour de nombreuses revues et des ouvrages collectifs. Je suis heureux qu'il ait franchi le pas de la rédaction d'un livre et permette ainsi à plus de lecteurs et lectrices de découvrir sa pensée. Je l'ai d'ailleurs maintes fois incité à le faire, constatant à quel point nous étions sur la même longueur d'ondes ; en effet, ce livre est vraiment un excellent complément de *La simplicité volontaire, plus que jamais...*

J'espère que ce livre rejoindra un large public et surtout qu'il donnera à son auteur la juste place qui lui revient dans la diffusion de la philosophie de la simplicité volontaire au Québec, en particulier depuis la fondation du Réseau québécois pour la simplicité volontaire. C'est dans le salon de Diane et Dominique qu'a eu lieu la première rencontre des personnes intéressées par l'idée d'un regroupement des adeptes de la simplicité volontaire et c'est en bonne partie grâce à eux deux que le Réseau est né et s'est développé.

Merci à Dominique pour ce petit livre qui nous permet de pénétrer au cœur de la simplicité volontaire, que j'ose qualifier de véritable courant philosophique.

Serge Mongeau

PREMIÈRE PARTIE

L'*ABC*
de la simplicité volontaire

Chapitre premier

Bienvenue !
Mode d'emploi…

La simplicité volontaire est un peu partout : on en parle dans les médias, dans des ateliers ou des conférences, sur des sites Internet, et même… dans la publicité ! Mais quelle est donc cette idée ?

Par où commencer ? Comment débroussailler le terrain ? Où trouver plus d'informations ? Comment aller plus loin ? C'est pour tenter de répondre à ces questions, et à beaucoup d'autres, que ce petit livre a été écrit.

Ceux et celles qui en ont seulement entendu parler, qui n'y connaissent pas grand-chose ou qui sont curieux d'en savoir plus y trouveront une information de base : d'où ça vient ? pourquoi est-ce devenu populaire ? qui la pratique ? comment ça se vit concrètement ? est-ce que ça existe ailleurs ? etc.

Ceux et celles qui sont un peu plus familiers avec le sujet y découvriront, pour leur part, des ressources nombreuses pour approfondir la question en fonction de leurs intérêts : de façon générale ou sur des thèmes particuliers, à travers des livres, des sites Internet, des groupes ou organisations plus spécialisés ou même certains documents vidéo.

Comme vous allez rapidement le constater, la simplicité volontaire est un domaine en pleine évolution. Il se passe peu de semaines sans que l'on découvre de nouvelles ressources, de nouveaux groupes ou de nouveaux secteurs d'activités où la simplicité volontaire se manifeste, sous ce même nom ou sous un autre. *Le Courrier international*, grand hebdomadaire francophone fait d'articles publiés dans toutes les langues à travers le monde, commençait l'année 2005 avec un dossier sur cette question. Sous le titre « Ralentissez! Bienvenue dans l'ère du slow », le journal faisait explicitement le lien avec cet autre mouvement que l'on appelle en Amérique « la simplicité volontaire ».

Il n'est donc pas question ici d'épuiser la question ou de fournir des réponses définitives. La simplicité volontaire est un courant social encore jeune, qui ne cesse de bouger : de nouvelles réflexions se développent, des groupes naissent, meurent ou se transforment, les ressources se multiplient, des expériences sont tentées un peu partout. C'est d'ailleurs pour tenter de donner une voix et un outil à ce courant multiforme que le Réseau québécois pour la simplicité volontaire (RQSV) a été graduellement mis sur pied, à partir d'avril 2000[1].

L'ABC de la simplicité volontaire voudrait vous permettre de faire connaissance avec ce courant social prometteur. Et, qui sait, vous donner le goût d'y participer à votre façon ?

Ce petit livre est forcément un « work-in-progress », comme on dit de certaines productions artistiques. Il continuera de se préciser et de s'améliorer grâce aux contributions de chacun et chacune d'entre vous. N'hésitez donc pas à communiquer avec l'auteur pour lui faire part de vos réactions, de vos critiques ou de vos commentaires, mais aussi pour lui signaler de nouvelles ressources ou expériences dont vous avez connaissance.

La simplicité volontaire n'appartient à personne, ni à moi, ni au RQSV. C'est ensemble que nous l'expérimentons peu à peu et c'est ensemble que nous en ferons un mouvement social important pour l'avenir de notre planète.

Nous attendons de vos nouvelles...

Dominique Boisvert
membre fondateur du RQSV

CHAPITRE II

La SV, c'est quoi ?

Pour savoir de quoi on cause

CURIEUSEMENT, *la simplicité volontaire (dorénavant SV) n'est pas simple à définir ! On en trouve presque autant de définitions qu'il y a d'auteurs[1].*

Pour le Réseau québécois pour la simplicité volontaire (RQSV), la SV c'est :

- **une façon de vivre** qui cherche à être moins dépendante de l'argent et de la vitesse, et moins gourmande des ressources de la planète ;
- **la découverte qu'on peut vivre mieux avec moins;**
- **un processus individualisé** pour alléger sa vie de tout ce qui l'encombre ;
- **un recours plus grand à des moyens collectifs et communautaires** pour répondre à ses besoins et donc un effort pour le développement d'une plus grande solidarité ;
- **le choix de privilégier** l'être plutôt que l'avoir, le « assez » plutôt que le « plus », les relations humaines plutôt que les biens matériels, le temps libéré plutôt que le compte en banque, le partage plutôt que

l'accaparement, la communauté plutôt que l'individualisme, la participation citoyenne active plutôt que la consommation marchande passive;

- **la volonté d'une plus grande équité** entre les individus et les peuples dans le respect de la nature et de ses capacités pour les générations à venir;

- **un courant social important** qui, bien au-delà du RQSV, tente de répondre à des problèmes de société de plus en plus pressants (course folle de la vie moderne, endettement excessif, insatisfaction malgré une consommation débridée, épuisement professionnel, gaspillage et épuisement des ressources naturelles, désintégration du tissu social, etc.).

Comme on le voit, le RQSV n'a pas pris de chance! Il a choisi dès le départ d'adopter une définition multiple, pour bien refléter la dimension englobante et multiforme de ce que peut être la SV.

Car la SV, c'est à la fois un *courant social* qui semble en progression constante, ici et ailleurs dans le monde, sous cette appellation ou sous d'autres noms : *simple living*, *living with style*, vivre mieux avec moins, décroissance durable, indépendance financière, *radical simplicity*, *downshifting*, *good life* ou belle vie, mouvement « slow », ralentir, etc.

C'est aussi, comme on l'a vu, un *processus individualisé* et non pas un état stable et généralisable. On tend vers la simplicité volontaire, on chemine dans cette direction, mais on n'y est jamais arrivé une fois pour toutes! Et pas un seul chemin n'est identique, puisqu'on ne part pas tous du même point et qu'on ne veut pas tous arriver au même endroit. Simplifier sa vie ne voudra forcément pas dire la même chose pour un professionnel qui travaille 70 heures par semaine et gagne 250 000 $ par année et pour un artiste autonome qui travaille autant mais pour un salaire de misère. Tout comme la SV ne se traduira pas de la même manière selon qu'on est étudiant ou retraité, célibataire ou famille nombreuse, qu'on habite la ville ou la campagne, etc.

C'est également *le choix de se réapproprier sa vie*, ce qui n'est pas rien ! En effet, la base même de la SV suppose que l'on commence par identifier ses propres objectifs, ses priorités véritables, et qu'on examine ensuite comment on pourrait davantage les atteindre. Contrairement aux apparences, la SV c'est choisir de vivre plus et mieux, non plus en fonction des esclavages de la mode, de la publicité ou du qu'en-dira-t-on mais plutôt dans la liberté retrouvée de ses valeurs personnelles.

C'est enfin l'amalgame de deux mots, réunis pour la première fois en 1936 par un Américain disciple de Gandhi, Richard Gregg[2] : *simplicité* et *volontaire*. Comme nous le verrons au chapitre 5, les deux mots sont aussi importants l'un que l'autre et beaucoup plus riches de sens qu'on ne le croit généralement.

On ne le redira donc jamais assez : la SV n'est ni une religion, ni un parti politique. Il n'y a ni dogme, ni programme, ni règlement. Personne ne vous dira quoi penser ou quoi faire. Personne ne vous demandera de carte de membre. La SV appartient à tout le monde et personne n'en a le moindre *copyright*.

Ma compagne, qui a le sens de la formule, dit de la SV qu'elle est tout simplement « un art de vivre, inspiré du refus de la surconsommation »…

CHAPITRE III

La SV, pourquoi ?

Quelle mouche les a donc piqués ?

POURQUOI LA SV est-elle devenue si populaire au Québec depuis 1998, au point que l'expression est maintenant passée dans le vocabulaire ?

Rien ne laissait prévoir pareil engouement, puisque le premier livre de Serge Mongeau sur le sujet, publié en 1985 chez Québec Amérique, était passé à peu près inaperçu tant auprès des lecteurs que des médias. Pourtant, quand il republiera *La simplicité volontaire... plus que jamais !* aux Éditions Écosociété, en 1998, le livre restera pendant longtemps sur la liste des best-sellers et il n'a pas cessé d'être réimprimé depuis. Que s'est-il donc passé au Québec en moins de 15 ans ?

C'est que les raisons diverses qui peuvent conduire à la SV n'ont cessé de prendre de l'importance et que de plus en plus de gens, de tous les milieux, vivent des problèmes ou des préoccupations multiples auxquels la SV peut apporter des éléments de solution : rythme effréné de la vie, endettement et surconsommation, maladies de civilisation comme le cancer, la dépression ou le burnout, problèmes environnementaux, inégalités croissantes entre riches et pauvres ici et ailleurs, perte des repères et quête de sens, etc.

Les gens qui s'intéressent à la SV le font donc pour une foule de raisons tout à fait différentes, bien que souvent complémentaires. Cette diversité fait à la fois la richesse de la SV et son défi particulier : car si on peut y venir par un grand nombre de chemins, comment va-t-on réussir à développer une certaine cohérence dans des réponses aussi disparates que celles qui touchent au rapport au travail, à l'argent, à l'écologie, au commerce international ou à la recherche spirituelle ?

Par quoi arrive-t-on à la SV ? On y arrive le plus souvent par ce que plusieurs appellent les « cinq portes d'entrée[1] » :

- *problèmes d'argent ou d'endettement (argent)*: on n'arrive plus à joindre les deux bouts, on doit composer avec un budget soudainement plus restreint, ou encore on souhaiterait modifier son rythme de travail mais on se sent esclave de ses besoins financiers ;

- *ennuis de santé, stress ou épuisement (temps)*: on est incapable de continuer à travailler autant ou on en paie le gros prix, on court du matin au soir et du lundi au lundi, on a l'impression de n'avoir aucun contrôle sur sa vie ;

- *conscience et préoccupations écologiques (gaspillage)* : on est préoccupé par l'avenir de la planète, l'épuisement des ressources, les changements climatiques, on est conscient que notre mode de vie y est pour beaucoup et on veut faire sa part ;

- *justice sociale et souci de partage (inégalités)* : on voit bien les énormes disparités entre riches et

pauvres, tant au niveau local qu'au plan international, on considère cela injuste et inacceptable et on
se demande comment on pourrait contribuer à
changer un peu les choses ;

- *quête de sens (spiritualité)* : on réalise que la société
  d'abondance et de consommation qu'on nous propose ne répond pas à nos besoins les plus profonds,
  on cherche à identifier ses propres priorités, on
  pressent que le bonheur se trouve plus dans l'être
  que dans l'avoir et que le « toujours plus » est une
  voie sans issue.

Mais quelle que soit la porte d'entrée qui a conduit à
la SV, les chemins qui s'ouvrent alors sont innombrables.
Car il n'y a pas de sphère de l'activité humaine qui ne
puisse être influencée par la pratique de la SV : d'abord
bien sûr la vie quotidienne et matérielle, comme l'habitation, l'alimentation, le vêtement, le transport, le travail,
les loisirs, la consommation, etc. ; mais également la vie
sociale et communautaire, la vie intellectuelle, la vie affec-
tive, la vie intérieure et spirituelle, etc.

La SV ne fournit jamais de recettes passe-partout. Pas
plus qu'elle n'a réponse à tous les problèmes. Mais quels
que soient nos motivations de départ ou nos champs
d'intérêt spécifiques, la SV peut offrir à chacun des pistes
de réflexion, de partage et d'action. Car la SV est avant
tout une mentalité, un état d'esprit, une approche de la
réalité, qui apporte un éclairage particulier sur les aspects
de notre vie que l'on cherche à examiner ou que l'on
aimerait améliorer. C'est un ensemble de valeurs qui
privilégie en tout l'authentique plutôt que l'artificiel, les
personnes plutôt que les choses, la qualité plutôt que la

quantité, le bien commun plutôt que l'intérêt individuel, l'être plutôt que l'avoir, le durable plutôt que le jetable, la participation et la créativité plutôt que la passivité et la consommation.

En ce sens, la SV est bien rarement un cheminement linéaire. On s'y engage avec plus ou moins de détermination, on procède par essais et erreurs, on fait parfois des bonds en avant mais aussi des pas de côté, des moments de pause ou même de retour en arrière. Mais dans tous les cas, on ne poursuit la route que dans la mesure où cela nous apporte plus d'avantages que cela ne nous coûte d'efforts.

La SV n'est pas un sacrifice ni une privation. Si elle peut sembler à certains une ascèse, c'est toujours pour devenir des « bons vivants ». Elle n'a de sens que si elle permet une vie plus heureuse, plus authentique et plus choisie. On ne pratique pas la SV par devoir mais pour vivre *plus* et *mieux*. Et c'est un choix qui ne peut appartenir qu'à chacun et à chacune, à chaque moment de sa vie.

CHAPITRE IV

La SV, pour qui ?

Qui sont ces hurluberlus ?

QUAND ON ÉTUDIE CEUX ET CELLES *qui, depuis 20 ans, ont adopté la SV sous une forme ou une autre, on constate qu'il y a au moins deux grandes catégories : ceux qui ont décidé de modifier leur genre de vie pour la simplifier, et ceux qui ont plus ou moins toujours vécu un mode de vie simple.*

Cette distinction se traduit même dans le nom anglais qu'on peut leur donner. Les premiers sont des *simpli-fiers*, des gens pour qui la SV marque une forme de rupture par rapport à leur vie antérieure : ils ont choisi de ralentir leur course, de réduire leur train de vie ou de consommation, de travailler et gagner moins pour avoir plus de temps, parfois même de quitter la ville pour la campagne ou de plus petites localités. Tandis que les seconds sont plutôt des *simple-lifers*, des gens qui prati-quent la vie simple par choix ou par conviction, souvent depuis presque toujours, peu importe leur niveau de revenu ou la situation professionnelle qui est la leur[1].

On peut sans aucun doute affirmer que la SV s'adresse à *tout le monde*. Au sens où tout le monde peut y trouver son profit, peu importe son point de départ, ses ambitions personnelles ou ses contraintes particulières. Puisque la

SV est une manière privilégiée d'accorder sa vie à ses véritables priorités, il va de soi que chacun lui donnera une forme qui lui est propre. Contrairement à un préjugé répandu, la SV ne s'adresse pas seulement aux riches qui ont connu les limites ou les problèmes de l'abondance et qui veulent maintenant revenir à l'essentiel. La SV bien comprise s'adresse tout autant aux gens moins nantis sur le plan matériel, non pas pour justifier ou valoriser leur « manque » (bien évidemment!) mais pour les aider, eux aussi, à vivre *plus* et *mieux* hors des pièges de la surconsommation.

Ouvrons ici une petite parenthèse pour préciser que la simplicité volontaire n'a rien à voir avec la misère forcée. Il sera toujours plus facile pour quelqu'un de renoncer à posséder une automobile quand il a les moyens de se la payer que quand il n'en a pas les moyens et qu'il en a toujours rêvé. La SV est et doit rester un choix.

Il faut sans doute revoir le véritable sens du mot « pauvreté » comme nous y invite l'Iranien Majid Rahnema dans son livre *Quand la misère chasse la pauvreté*. La pauvreté n'a pas toujours eu le sens essentiellement péjoratif qu'on lui donne maintenant en Occident. À diverses époques et dans différentes cultures, elle a même souvent eu, selon lui, un sens positif qu'il nous faudrait redécouvrir. C'est pour cela qu'il la distingue si nettement de la misère qui, elle, n'a jamais une valeur positive. Mais c'est là, il faut bien l'avouer, une tâche considérable dans une société qui a fait de l'argent et de la richesse ses nouveaux dieux! Fin de la parenthèse.

La SV s'adresse donc à tout le monde. Aussi bien aux surmenés qui font du temps supplémentaire qu'à ceux et celles qui font du bénévolat. Aux gens qui accumulent les biens matériels comme à ceux qui savent se contenter de peu. Aux militants préoccupés du sort de la planète comme à monsieur et madame Tout-le-monde qui sont encore peu conscients de ces enjeux. Aux jeunes et aux moins jeunes. Aux gens de toutes provenances géographiques ou culturelles. Quelle que soit l'épaisseur du porte-monnaie ou du compte en banque. Car même les pauvres pourront y trouver leur profit[2].

Les uns y verront l'invitation à modifier des choses dans leur vie et des moyens concrets pour le faire. D'autres y trouveront plutôt le soutien d'une communauté grandissante qui partage leurs valeurs et leur vision du monde. D'autres encore y puiseront ou partageront d'innombrables trucs qui permettent de mieux vivre avec moins. Mais *tous* pourront y découvrir une certaine vision du monde qui rend possible l'avenir, et diverses manières de « vivre plus simplement pour que les autres puissent simplement vivre » (Gandhi).

CHAPITRE V

Volontaire ou involontaire ?
Est-ce vraiment pour tout le monde ?

DANS L'EXPRESSION « simplicité volontaire », il y a deux mots tout aussi importants l'un que l'autre. Le premier, simplicité, se comprend facilement et est habituellement associé à la thématique, sous une forme ou une autre : simple, simplifier, ralentir, réduire, désencombrer, etc. Le second, volontaire, est clairement le plus méconnu des deux.

Généralement, on comprend le mot « volontaire » uniquement comme le contraire d'involontaire, pour signifier que la SV n'est ni la misère forcée, ni la pauvreté subie. C'est là le sens le plus évident, mais pas le plus important. Car quand on retourne aux sources de l'expression, on découvre avec surprise que ses auteurs y mettaient infiniment plus que le caractère obligé ou non de la simplicité.

Pour Richard Gregg, qui associa le premier les deux mots en 1936, la SV « implique une condition à la fois intérieure et extérieure. Elle signifie l'unicité d'intention, la sincérité et l'honnêteté intérieures, tout autant que le fait d'éviter l'encombrement extérieur ou d'accumuler bien des possessions qui n'ont pas de rapport avec le but premier de la vie. Elle signifie une mise en ordre et un encadrement de notre énergie et de nos désirs, une restriction partielle dans certaines directions afin d'assurer une plus grande abondance de vie dans d'autres directions. Elle implique une organisation délibérée de sa vie en fonction d'un objectif.[1]»

Vivre simplement veut d'abord dire *vivre consciemment*. Et pour cela, prendre le temps de s'arrêter pour se demander « Qu'est-ce que je veux faire de ma vie ? Quels sont mes objectifs ? Mes priorités à moi ? La vie que je suis en train de mener correspond-elle bien à tout cela ? ». Dans le tourbillon que sont souvent devenues nos vies, on est spontanément bien plus souvent « entraînés par le courant », façonnés par les habitudes, influencés par la publicité, la mode ou le qu'en-dira-t-on ? qu'invités à s'arrêter pour faire le point, pour reprendre les commandes de sa propre vie.

C'est là le sens premier du mot « volontaire » dans la SV : identifier ce que je désire réellement, ce à quoi je tiens personnellement, pour ensuite ajuster ma vie extérieure à mes choix intérieurs. La simplification extérieure, quels qu'en soient la forme ou le domaine, devrait toujours être le fruit ou la conséquence de choix intérieurs identifiés consciemment, et non pas un objectif en soi.

Deux exercices faciles pourront vous aider à savoir si vous-même vivez vraiment les valeurs qui vous tiennent à cœur. Supposez un instant que vous venez de gagner le gros lot : 1, 5, 25 millions de dollars, à votre choix ! Allez-vous, après quelques semaines ou mois de festivités, reprendre à peu près la même vie qu'avant ? Ou allez-vous (enfin !) pouvoir changer bien des choses de votre vie actuelle qui ne correspondent pas vraiment à vos besoins, vos valeurs ou vos désirs ? Si tel est le cas, quels seront les changements prioritaires ? Et qu'est-ce qui en fait vous empêche de commencer dès maintenant ?

Voici l'autre exercice : supposez qu'on vous annonce un cancer foudroyant qui ne vous laisse qu'un mois à vivre. Qu'allez-vous faire du temps qu'il vous reste ? Et surtout, quel bilan ferez-vous de votre vie ? Demandez-vous ce que vous feriez « si c'était à refaire » et quelles sont les choses que vous regretteriez le plus de ne pas avoir accomplies. Or vous n'avez pas le cancer, du moins espérons-le : pourquoi ne pas vous y mettre tout de suite ?

Précisons ici que volontaire n'est pas l'équivalent de volontariste. Reprendre du contrôle sur sa vie implique nécessairement une certaine volonté, dans la mesure où la SV se situe encore à contre-courant. Mais la SV ne se vit pas par devoir ou à coup de volonté. Elle est tout à fait compatible avec désir, plaisir et émotions.

Certes, la SV veut aussi se démarquer de la simplicité forcée : de deux façons fort différentes d'ailleurs. D'abord pour se distinguer de la misère, imposée ou subie : pas question de glorifier la privation, ni de rationaliser l'indigence. La SV doit demeurer un *choix*. Peut-être pas toujours aussi libre qu'on l'aurait voulu, car dans bien des cas, l'intérêt pour la SV naît d'un besoin ou d'une situation qu'on n'a pas d'abord choisie : maladie, perte d'emploi, séparation, accident, réorientation de carrière, retraite ou perte financière. Mais comme une « crise » peut se révéler aussi bien une opportunité qu'un danger, la SV peut souvent être la manière qu'on choisit pour transformer une difficulté ou une épreuve en une occasion de croissance, quelque chose de bien ou de mieux.

La SV se démarque aussi de la simplicité forcée d'une autre manière, c'est-à-dire dans le temps. Pour l'instant, en ce début de XXIe siècle, la simplicité peut *encore* être volontaire. Malgré des pressions croissantes au niveau planétaire, nous avons encore, comme Occidentaux, le choix de simplifier nos vies ou non. Nous pouvons encore nous permettre le luxe (mais pour combien de temps ?) d'accaparer une partie tout à fait disproportionnée des richesses et des ressources de la Terre : environ 12 % de la population mondiale (États-Unis, Canada et Europe de l'Ouest) font à eux seuls 60 % de toutes les dépenses de consommation mondiales, tandis que le tiers de la population mondiale (Asie du Sud et Afrique subsaharienne) ne compte que pour 3,2 % des dépenses de consommation. Pour le dire autrement, 2,8 milliards de personnes, soit près de la moitié du monde, vivaient en 1999 sous le seuil de pauvreté (fixé à 2 $US par jour), parmi lesquelles 1,2 milliard, c'est-à-dire 20 % de la population mondiale, vivaient dans l'« extrême pauvreté » (moins de 1 $US par jour)².

Mais il est probable que le choix de la simplicité ne demeurera pas volontaire pour encore bien longtemps. Devant les problèmes écologiques croissants, les pressions démographiques et migratoires, l'épuisement rapide de ressources naturelles non renouvelables, la demande toujours plus grande d'énergie, les inégalités et les injustices scandaleuses qui deviennent de plus en plus visibles et insupportables en raison de la mondialisation des communications, il y a fort à parier qu'un jour viendra, peut-être pas si lointain, où nous serons *obligés* de simplifier par la force des choses et des événements.

S'y mettre dès maintenant ne serait pas une mauvaise idée !

CHAPITRE VI

Très ancienne et très actuelle
On n'a rien inventé !

LA SV est à la fois une sagesse très ancienne, un courant social plus récent et un mouvement collectif en devenir. Car si la SV est devenue « à la mode » au Québec depuis 1998, elle s'enracine néanmoins dans une tradition millénaire.

Chaque fois que dans l'histoire sont survenues des périodes d'excès sous une forme ou une autre, il s'est toujours trouvé des sages pour rappeler les exigences du bon sens, de la modération ou du « juste milieu ». Cela est vrai dans toutes les civilisations et les diverses traditions religieuses.

Chez les Amérindiens, un chef micmac rappelait qu'« aussi misérables que nous puissions paraître à vos yeux (de Blancs), nous nous considérons beaucoup plus heureux que vous puisque nous sommes très contents du peu que nous avons ». La sagesse bouddhiste affirme que « quiconque réussit en ce monde à surmonter ses appétits insatiables personnels verra la tristesse s'éloigner de lui comme les gouttes d'eau tombent de la fleur du lotus ». Chez les chrétiens, « il est plus facile pour un chameau de passer par le trou d'une aiguille que pour un riche d'entrer dans le Royaume des cieux ». Confucius disait que

« l'excès comme le manque sont tout autant un problème ». Dans la Grèce antique, on pouvait lire « Rien en excès » sur le temple de Delphes. La *Bhagavad-Gita* hindoue énonce que « la personne qui vit complètement libérée de ses désirs, sans attentes… celle-là atteindra la paix ». Selon Mahomet et la tradition islamique, « la pauvreté est ma fierté ». La tradition juive demande à Dieu : « Ne me donne ni indigence ni richesse ; dispense-moi seulement ma part de nourriture. » Et la sagesse taoïste enseigne que « celui qui sait qu'il a assez est riche »[1].

Plus tard dans l'histoire, au début du XIIIe siècle, un François d'Assise interpellera aussi radicalement les orientations de la nouvelle société marchande qui se développe en Europe. Puis, beaucoup des premiers colons américains (puritains, quakers, amish, etc.) apporteront avec eux leurs traditions de vie simple et frugale pour construire le Nouveau Monde. L'un des pères de la Constitution américaine, Benjamin Franklin, écrira même : « L'argent n'a jamais rendu un homme heureux ni ne le fera jamais. Il n'y a rien dans la nature de l'argent qui puisse produire le bonheur. Plus un homme en a et plus il en veut. Au lieu de remplir le vide, il en crée davantage. »[2]

Mais c'est surtout avec le philosophe américain Henry David Thoreau, au XIXe siècle, que l'expérience et la promotion de la simplicité trouveront leur premier grand porte-parole moderne. Il influencera d'ailleurs à la fois Tolstoï en Russie et Gandhi en Inde. Et ce n'est pas un hasard si le premier à parler de « simplicité volontaire » est précisément un disciple de Gandhi.

Par la suite, bien des phénomènes sociaux participeront à la genèse du courant actuel en faveur de la SV :

période hippie de remise en question des années 1960, prise de conscience graduelle des enjeux écologiques des années 1970, récession économique des années 1980, montée du capitalisme néo-libéral et accélération de sa mondialisation durant les années 1990. Pas étonnant que la publication en 1981 du livre de Duane Elgin, *Voluntary Simplicity*, soit suivie d'une véritable explosion de livres, de groupes, puis de sites Internet sur les divers aspects de la SV, particulièrement depuis le début des années 1990[3].

Si la forme des « excès » a beaucoup changé depuis l'Antiquité, le besoin d'un rappel au bon sens, à la mesure et au « juste milieu » est plus actuel que jamais. C'est ce qui explique, mieux que tout, l'intérêt renouvelé et croissant pour la SV, particulièrement dans les pays occidentaux, riches ou d'abondance.

On peut indiscutablement parler, depuis une dizaine d'années, d'un véritable « courant social », que certains ont pu associer à une mode passagère comme on en connaît tant, mais qui semble bien avoir toutes les chances de durer et de s'approfondir.

Et c'est là qu'intervient la question : « La SV est-elle, ou non, un mouvement social ? » La différence entre courant et mouvement social est matière à débats théoriques. Disons simplement que si la SV a été clairement « à la mode » et « dans l'air du temps » depuis quelques années, la question de savoir si cela dépasse le simple engouement passager ou la juxtaposition de nombreuses démarches individuelles demeure importante. Car un mouvement implique une dimension à la fois collective et politique[4]. Nous y reviendrons au chapitre 18.

Chapitre VII

La SV, comment ?

Sur le plancher des vaches...

« *Tout ça est bien beau*, *direz-vous, mais concrètement, comment ça marche ?* »

C'est la question à la fois la plus simple et la plus difficile. Car il y a des centaines de moyens concrets de simplifier sa vie, et pourtant aucun d'eux ne peut prétendre être « la » réponse à cette question. La SV ne tient ni dans un catalogue de comportements à développer, ni dans un livre de recettes à réaliser.

Parler du « comment » de la SV, c'est parler non plus de la SV (qui est un concept général et englobant) mais plutôt d'argent et de finances personnelles, d'alimentation et de logement, de loisirs et de communauté, d'environnement et de vie de famille, de travail et de transport, etc.

C'est pourquoi la première réponse à la question posée est sans doute une autre question : « Et vous, quel est le problème qui vous préoccupe le plus ? Qu'est-ce que vous aimeriez d'abord changer ou simplifier dans votre vie ? » Car la SV ne peut être, on l'a dit, qu'un chemin individualisé, défriché sur mesure.

Si vous n'en pouvez plus d'un travail que vous détestez et qui gruge la plus grande partie de votre énergie, il n'est guère utile pour vous que l'on s'attache à la façon de simplifier les fêtes de Noël ou les cadeaux! Si vous n'arrivez pas à joindre les deux bouts et que vous vous réveillez la nuit pour vous demander comment vous allez payer le minimum dû sur le solde de vos cartes de crédit, il ne vous intéressera sans doute pas de savoir en priorité comment vous pourriez davantage utiliser le transport en commun! Et si c'est l'avenir de la planète qui vous empêche de dormir, en raison de tous les gaspillages de notre surconsommation, vous serez sûrement plus intéressé par des initiatives de récupération ou de recyclage que par l'importance de s'octroyer un temps de recul ou de gratuité.

« Dis-moi quel est ton besoin et je te dirai comment la SV peut t'aider », pourrait-on dire, pour reprendre la formule bien connue. C'est pour cela qu'il sera toujours difficile de donner des réponses générales ou passe-partout par rapport à des besoins qui sont particuliers à chacun.

Mais pas question pour autant d'esquiver... la question! Comment donc, concrètement, peut-on vivre la simplicité volontaire dans la vie de tous les jours? Pour en donner un aperçu, nous vous proposons une petite excursion alphabétique.

CHAPITRE VIII

Une exploration alphabétique[1]
La SV au fil du quotidien

SIMPLIFIER SA VIE, c'est la rendre moins gourmande ou dépendante de l'argent, du temps et des ressources de la planète. Il y a autant de façons de le faire qu'il y a d'individus, puisque personne ne part du même point, que les objectifs et les difficultés varient avec chacun, et qu'il s'agit d'un processus et non pas d'un point d'arrivée.

Comment puis-je donc simplifier ma vie, si tel est mon souhait ? Voici, au hasard de l'alphabet et de la vie quotidienne, quelques dizaines de moyens concrets accessibles à tous, en fonction de vos goûts, vos besoins et vos possibilités. Inutile d'essayer de tout faire d'un seul coup. Mais pourquoi ne pas commencer quelque part ?

Achats : la meilleure façon de s'assurer qu'on a vraiment besoin du bien ou service que l'on s'apprête à se procurer consiste à en retarder l'achat de quelques jours ou quelques semaines. Si le besoin est réel, il subsistera ; s'il s'agissait d'un désir passager, il aura été remplacé par d'autres et on aura économisé d'autant.

Agenda : nos vies semblent une course sans fin partagée entre les « à faire » et « à ne pas oublier ». Même le repos et les vacances doivent se disputer une petite place sur la « liste ». Pour ralentir le rythme, rien de mieux que de bloquer à l'avance une ou quelques journées, dans la semaine ou dans le mois, qui n'existeront que pour moi, pour simplement vivre, en toute gratuité. Un peu comme ces journées de grosses tempêtes où la ville s'immobilise sous la neige...

Argent : l'argent dont on peut disposer provient autant de celui que l'on économise que de celui que l'on gagne. Payer 10 $ de moins pour un article en solde équivaut à gagner 10 $ par son travail. Économiser, c'est travailler.

Assurances : les Québécois sont parmi les populations les plus assurées du globe. Ai-je vraiment besoin de toutes les assurances que je paie et qui souvent se recoupent (vie, salaire, hypothèque, accident, voyage, soins dentaires, vol, etc.) ?

Automobile : l'un des postes de dépense majeurs du budget dont on réalise peu les coûts cachés (prendre un taxi semble coûter cher parce qu'on voit chaque fois l'argent sortir de son portefeuille ; prendre son auto semble ne rien coûter du fait que les coûts en sont occasionnels). Pour la plupart, les 5, 7, 9 000 $ ou plus que coûte une auto annuellement (achat, dépréciation, immatriculation, assurances, entretien et réparations, essence) représentent l'équivalent de plus d'une journée de travail par semaine. Or il existe, selon l'endroit où on habite, diverses alternatives plus économiques et plus écologiques : transport en commun, taxi, covoiturage, location occasionnelle, services d'auto-partage, prêts entre amis, bicyclette, etc. Et sans renoncer complètement à l'automobile, il est aussi possible d'en réduire graduellement l'usage et de le rendre plus collectif[2].

Cigarettes : cesser de fumer est un moyen privilégié d'améliorer à la fois sa santé, celle des autres et son budget (la différence est dans les trois cas plus importante qu'on le croit).

Cinéma : on peut aimer le cinéma à bien meilleur marché. Il suffit de profiter des tarifs réduits proposés selon l'horaire par certains cinémas, ou de fréquenter les cinémathèques et les clubs vidéo. Mais surtout d'éviter pop-corn, boissons gazeuses et chocolats qui constituent le principal revenu des chaînes de cinéma !

Crédit : le pire ennemi du consommateur. Le premier conseil à donner à une personne endettée est toujours de détruire ses cartes de crédit. Apprendre à acheter quelque chose uniquement quand on a l'argent pour le payer (sauf bien sûr sa maison) est le meilleur héritage qu'on puisse laisser à ses enfants : c'est souvent aussi une occasion de modération et c'est toujours la façon la plus économique d'acheter.

Enfants : il en coûterait 180 000 $ pour élever un enfant jusqu'à sa maturité ! Foutaise ! Personne n'est obligé de tout acheter à neuf, d'envoyer ses enfants à l'école privée, de répondre à tous leurs désirs et caprices, etc. Par définition, vêtements, jeux, équipements sportifs sont de courte durée pour des enfants en pleine croissance. Raison de plus pour se transmettre ces objets entre parents et amis. Et initier ses enfants à la réutilisation et au partage des biens matériels, plutôt que d'avoir toujours besoin de posséder du neuf, est un immense service à leur rendre : cela influera favorablement sur leur budget leur vie durant.

Fruits et légumes : faire son propre jardin est accessible au plus grand nombre, même en ville grâce aux jardins communautaires, offrant à la fois loisir, exercice et économies. Des groupes organisent aussi des liens directs entre consommateurs urbains et producteurs agricoles, permettant aux premiers de bénéficier de produits plus frais, à meilleur coût et réduisant le gaspillage en transport, emballage et entreposage[3].

Gratuité : une réalité fondamentale à réintroduire au cœur de l'économie et de nos vies ! L'habitude (en fait c'est plutôt une déformation, et une déformation soigneusement planifiée) de tout mesurer par son utilité marchande ou monétaire a déteint sur toute la vie et la société : rentabilité, performance, compétitivité sont les mots d'ordre, même dans les écoles ou dans les hôpitaux. Il est urgent de rappeler les poètes, les sages et les fous du roi : la vie est d'abord autre chose qu'une compétition de bilans financiers. Si une place importante n'est pas laissée à l'accueil, à l'échange, au don, au temps gratuit et à l'inutilité, alors c'est la vie elle-même qui n'a plus de place.

Impôts : c'est la contribution indispensable de chacun aux services collectifs dont on profite, même si tout le monde préférerait avoir plus de services en payant moins. Il est possible de payer sa juste part tout en réduisant la proportion de ses revenus qui est prélevée en impôts : en mettant de l'argent de côté par le biais des REER, qu'on peut au besoin utiliser durant les années moins « prospères » ; en donnant généreusement aux organismes « de charité », dons qui vous sont d'ailleurs remboursés pour environ la moitié par les gouvernements ; ou même en acceptant de vivre avec des revenus moindres, ce qui réduit évidemment le taux d'imposition. Et quel que soit ce niveau d'imposition, il est possible et même recommandé d'en arriver à payer ses impôts (comme toutes ses factures) avec joie[4]!

Journaux : avec les revues et magazines qui ne cessent eux aussi de se multiplier, ils consomment beaucoup d'arbres, d'argent et de temps. Quand on ne lit les quotidiens qu'une fois par semaine, parce qu'ils nous sont prêtés par un voisin ou la bibliothèque, et qu'on commence par les plus récents, c'est fou ce qu'on gagne de temps en allant à l'essentiel sans avoir à passer par toutes les péripéties accessoires. Et pourquoi ne pas s'abonner en commun et s'échanger les revues ?

Livres : les bibliothèques québécoises sont dramatiquement sous-utilisées. Combien de livres ai-je besoin de posséder en propre, pour les relire ou les souligner ? Il est maintenant de plus en plus facile de trouver livres, magazines, disques, CD-roms et parfois même vidéos spécialisées dans les bibliothèques et phonothèques publiques, y compris les nouveautés et les best-sellers.

Logement : autre poste majeur du budget. Pour en calculer le coût réel, il faut tenir compte des coûts de transport (en temps, en énergie et en argent) entraînés par son emplacement ; il faut aussi l'envisager à long terme, ce qui peut expliquer la boutade d'un ami qui se disait « trop pauvre pour être locataire ». Parmi les façons d'en réduire l'impact, on trouve la copropriété, les coopératives, le partage du logement, les partages de services avec le voisinage, etc.

Loisirs : on en fait de plus en plus une marchandise. Au lieu de jouer au Yum avec cinq dés, on achète le jeu de Yum au magasin. On paie une fortune pour aller voir des matches professionnels pendant que les estrades du sport mineur, amateur ou étudiant sont vides. On va écouter de la musique au lieu d'en faire. Mais même la consommation de loisirs peut être économique : presque toutes les villes offrent gratuitement ou à prix réduit une foule d'activités culturelles ou de loisirs, souvent de très grande qualité (cinéma, théâtre, concerts, spectacles, expositions, etc.).

Magasinage : les Américains consacreraient chaque semaine neuf fois plus de temps à magasiner qu'à jouer avec leurs enfants ! Nécessité de la vie, l'achat est devenu pour plusieurs un véritable passe-temps. On peut en réduire sensiblement le temps nécessaire et le coût en regroupant ses achats en une seule sortie par semaine, en préparant une liste des achats à faire et en s'y tenant, en magasinant par téléphone, en se partageant les « tuyaux » découverts, etc.

Ménage : plus on a de choses et d'espace, plus il faut entretenir, ranger, faire réparer. Les choses matérielles comme celles de l'esprit peuvent, si on n'y prend garde, devenir plus encombrantes qu'utiles. D'où la nécessité de faire régulièrement un « grand ménage » pour s'alléger des surplus accumulés et devenus superflus. On peut ainsi en faire profiter d'autres tout en réduisant le gaspillage.

Mode : mécanisme social qui permet de renouveler constamment les désirs en rendant ceux d'hier périmés. Sert principalement à justifier le remplacement perpétuel des objets de la consommation. La mode nous impose subtilement bien des comportements destinés davantage à satisfaire le « regard des autres » que notre propre plaisir ou confort. Accepter d'acheter les souliers à la mode… de l'an dernier vient de réduire sérieusement la dépense. Sans compter que la mode étant cyclique, ils redeviendront à la mode si on les garde assez longtemps !

Nourriture : autre portion majeure et incontournable du budget. On peut toutefois bien se nourrir à fort meilleur coût : il suffit de construire ses menus en fonction des aliments qui sont à prix réduit chaque semaine. N'ayez crainte : avec la rotation des « spéciaux », vous pourrez manger autant de poulet, de bœuf ou de porc qu'avant. Et si vous choisissez de réduire la consommation de viande, ce qui est meilleur et pour la santé et pour l'écologie, vous réduirez aussi votre facture d'épicerie. Les aliments dont les prix sont réduits pour « vente rapide » sont presque toujours d'aussi bonne qualité, tout comme les produits de marque générique. On peut également profiter des grands soldes pour faire provision des produits qu'on consomme en plus grande quantité. Et de manière plus générale, manger mieux signifie souvent manger moins !

Ordinateurs : ces outils modernes et performants sont l'illustration parfaite des avantages et des pièges de la technologie. La plupart d'entre eux nous offrent infiniment plus de possibilités que nous ne pourrons jamais en utiliser ; il est quasi impossible d'en obtenir des versions « simplifiées » en fonction de nos besoins réels ; des développements très rapides sont planifiés pour rendre les modèles constamment désuets ; et les exigences croissantes des logiciels, des CD-roms et d'Internet nous rendent prisonniers d'une course sans fin. D'où la possibilité paradoxale de se procurer des ordinateurs très performants pour une chanson, à la condition d'acheter le modèle de pointe... d'il y a six mois !

Partage : c'est l'une des clés maîtresses de la SV. L'omniprésente « propriété privée individuelle » de tout, dans notre société, est l'une des sources majeures de la surconsommation, du stress et du gaspillage que nous connaissons. Avons-nous réellement besoin d'avoir chacun notre tondeuse à gazon, notre échelle, notre barbecue, notre piscine, nos outils de bricolage, ou même tous nos équipements de sport ? Apprendre à partager nos ressources et nos compétences, à mettre en commun nos achats, à échanger des services est une façon fondamentale de modifier les rapports de voisinage, de recréer le tissu urbain et de développer de nouveaux rapports collectifs de citoyenneté. L'aménagement des rues, des ruelles et des parcs ne sera plus jamais le même...

Publicité : 30 000 personnes travaillent dans le secteur de la publicité au Québec et on y consacre trois milliards de dollars chaque année. Ça doit certainement servir à vendre ou à faire vendre ! Personne ne peut se mettre à l'abri de la publicité puisqu'elle nous agresse partout et de façon toujours renouvelée, des sièges de métro jusque dans les écoles. 1re étape : devenir conscient de la violence inhérente à ce matraquage des esprits. 2e étape : limiter, dans la mesure du possible, notre exposition et protéger les quelques endroits qui n'ont pas encore été envahis. 3e étape : développer notre esprit critique et prendre plaisir à penser ou agir à l'encontre de ce que la publicité essaie de nous imposer.

Réparations : nous vivons dans une société du « jeter après usage ». Pas besoin d'en souligner les effets : le gaspillage des ressources planétaires et les coûts de gestion des déchets ou de recyclage. Les objets sont de plus en plus fabriqués pour qu'on les remplace plutôt que de les réparer. Pourtant, ressemeler des souliers, réparer un sac à dos ou un grille-pain suffisent souvent à leur donner une seconde vie.

Récupération : dans une société de surconsommation, la moindre des choses est d'essayer de diminuer le gaspillage en favorisant le recyclage, la réutilisation, le compostage, etc. Une autre manière est aussi de collectiviser l'usage des objets en développant les lieux de circulation des biens usagés : ressourceries, friperies, bazars, marchés aux puces, joujouthèques, etc.

Santé : la plupart des moyens de simplifier la vie ont un impact positif direct sur la santé. Que ce soit par l'activité physique (alternatives à l'auto privée ; loisirs actifs plutôt que comme spectateurs, etc.), la diminution du stress (en réduisant les exigences de performance ou le rythme de vie) ou la diminution d'habitudes nocives (cigarette, alimentation excessive en viandes, etc.), ces moyens favorisent la santé et diminuent les coûts individuels et sociaux de notre système collectif de soins.

Téléphones : ils sont de plus en plus mobiles et savants. Ils peuvent identifier l'interlocuteur, donner l'horaire du cinéma, tenir dans notre poche. Mais ils nous font dépenser de plus en plus (36 % plus de cellulaires en un an !), en particulier chez les jeunes. Ai-je vraiment besoin de tous les services qu'on me propose en sus du service de base ? Les 20 $, 30 $ ou 50 $ par mois que j'y consacre me permettent-ils vraiment de mieux communiquer ? Ou le bon vieux téléphone ordinaire ne pourrait-il pas suffire ?

Télévision : « boîte à images », « fenêtre sur le monde », la télévision est capable du meilleur et du pire. Avec la multiplication des chaînes spécialisées, on peut zapper 24 heures sur 24 : déjà qu'on y consacre en moyenne plus de 20 heures par semaine, soit environ 20 % de notre temps de veille ! Véhicule privilégié du conditionnement publicitaire, la télévision est trop souvent la solution de facilité en cas de fatigue, de déprime ou de temps mort. Quelques moyens d'en reprendre le contrôle : choisir à l'avance les émissions que l'on regardera plutôt que d'allumer le poste au hasard, installer l'appareil dans un endroit retiré plutôt qu'au milieu de la place, enregistrer les émissions souhaitées pour choisir le moment où on les regarde et s'épargner les publicités, etc. Les familles où la télévision n'a pas ou a peu de place apprécient tout le temps disponible pour d'autres activités ou loisirs plus créatifs pour tous.

Transport : la solution qui est écologiquement et socialement la plus sensée, à moyen terme, réside dans le transport en commun. Que l'on considère l'énergie dépensée, le nombre de personnes transportées ou le temps de déplacement par personne, le coût d'entretien des infrastructures ou les coûts de santé collectifs (dont ceux de la pollution), l'autobus, le train ou le métro l'emporteront toujours haut la main sur l'automobile privée. Les décideurs politiques le savent depuis longtemps. Les solutions existent. Le métro est gratuit au centre-ville de Pittsburgh. Après avoir démantelé notre réseau ferroviaire, nous redécouvrons soudainement les avantages des trains de banlieue. Qu'attendons-nous pour mettre des autobus aux cinq minutes sur tous les trajets en pénalisant l'utilisation individuelle des voitures ?

Travail : beaucoup ne travaillent que parce qu'ils ont besoin d'argent. Et ils ne réalisent pas toujours tout ce qu'ils paient eux-mêmes pour gagner cet argent : temps de déplacement, dépenses d'habillement et de repas, frais de garderie, temps de récupération au retour, etc. Pour connaître son vrai salaire horaire, il faut en déduire toutes les dépenses encourues et diviser le résultat par tout le temps consacré à le gagner. Cet exercice, qui réduit forcément le salaire horaire qu'on croyait gagner, n'a pas de quoi décourager : il permet de mieux mesurer l'équivalent-travail de chacun de ses choix de consommation (ex. : un billet de cinéma le samedi soir me coûte une heure et demie de travail).

Vacances : pour plusieurs, rêve futur qui aide à supporter le présent et auquel ils arrivent souvent trop fatigués pour pouvoir en profiter vraiment. N'y aurait-il pas moyen d'en rêver moins et d'en prendre plus ? Entre autres, en envisageant des périodes plus courtes, avec des moyens plus modestes : plusieurs longues fins de semaines, des voyages au pays, des échanges de gardiennage ou de maisons, ou même quelques jours à la maison sans téléphone, courrier ou tâches ménagères habituelles... comme si on était « à la campagne » !

Vêtements : il est possible de s'habiller avec goût et à bon marché, d'abord en évitant les vêtements « griffés » (les fameuses marques à la mode et donc beaucoup plus chères que tous les jeunes se sentent obligés de porter pour être *in*) ; mais aussi en se passant, dans la famille ou entre amis, les vêtements que l'on ne porte plus (c'est particulièrement vrai pour les enfants), puis en magasinant dans les friperies, bazars et autres magasins de recyclage de bons vêtements usagés.

Vitesse : la vie n'a cessé de s'accélérer avec les avancées technologiques, passant en moins d'un siècle du cheval à la navette spatiale. Et l'accélération s'accélère ! En 10 ans, le télécopieur qui était infiniment plus rapide que la poste a été à son tour déclassé par le courrier électronique. Mais à quoi rime au juste cette course effrénée contre le temps ? Jusqu'où allons-nous ingurgiter plus d'informations, rencontrer plus de gens, fabriquer plus d'objets, parcourir de plus grandes distances, etc. ? Ne serait-ce pas une fuite en avant ? Et si on choisissait de ralentir...

Ce ne sont là que des exemples et des suggestions. Je ne fais pas moi-même *tout* cela : personne ne peut tout faire tout le temps et chacun porte ses contradictions. Mais la pratique graduelle de plusieurs de ces moyens a fait grimper mon baromètre liberté-bonheur-sérénité. Je ne peux que vous en souhaiter autant.

CHAPITRE IX

Seul ou avec d'autres ?

La SV : une chance pour la société

SANS EN AVOIR L'AIR, la SV introduit une véritable révolution dans notre manière de vivre occidentale moderne : elle nous sort de notre isolement progressif pour nous remettre en lien avec les autres.

C'est l'un des paradoxes et l'une des plus grandes forces de la SV : en apparence, elle part des besoins les plus individuels de chacun, elle peut se pratiquer seul et sans attendre que les autres en fassent autant, et pourtant, elle conduit presque inévitablement à l'extérieur de soi et vers les autres. Ce qui va à l'encontre de tout ce que cherche à nous imposer la société marchande d'aujourd'hui.

Prenons l'évolution des 50 dernières années, ou même seulement des 10 dernières : tout va dans le sens d'une individualisation de la satisfaction des besoins (ou plutôt bien souvent des simples désirs). Les maisons sont de plus en plus grandes et abritent de moins en moins de personnes. Souvent des couples vont habiter deux logements différents. Dans presque chaque famille, il y a plus d'un téléviseur dans la maison et presque autant de radios, baladeurs ou systèmes de son qu'il y a de pièces ou de personnes. D'ailleurs la télévision par câble ou par satellite, et maintenant l'ordinateur et Internet, donnent accès 24 heures sur 24 à plus de postes ou de sites spécialisés en fonction des intérêts spécifiques de chaque individu que celui-ci ne pourra jamais en regarder.

Rien d'étonnant à cela : les marchands vont pouvoir vendre davantage si chacun se procure son automobile, son lecteur de CD, sa maison, sa tondeuse, sa piscine ou son cellulaire ! Mais si cela fait l'affaire de la croissance économique et des grands intérêts financiers, une telle individualisation de la consommation a aussi d'autres effets : elle pille de plus en plus les ressources limitées de notre planète, nous isole de plus en plus chacun dans notre bulle, et augmente constamment la pression sociale pour posséder tous ces biens et les besoins monétaires individuels pour pouvoir se les payer.

Notre société prétend prôner l'autonomie et la liberté, que la consommation individuelle serait censée nous procurer. Chacun pour soi : c'est comme cela que nous sommes invités à prévoir notre retraite, nos assurances, l'avenir de nos enfants, etc. Alors que la SV propose de revenir à la seule véritable sécurité possible : celle que procurent ses réseaux de liens et d'appartenance à son voisinage, ses amitiés, sa grande famille ou sa communauté élargie. La SV est un choix individuel, mais elle se pratique tellement mieux à plusieurs. À quoi servent les meilleures assurances santé si personne ne vient vous voir à l'hôpital ou ne peut prendre soin de vous à votre retour à la maison ? Et une vie communautaire intense vous protégera sans doute mieux que les plus gros budgets policiers.

C'est essentiellement par la mise en commun des biens et des ressources que l'on peut à la fois vivre plus simplement, avec moins d'argent, et diminuer son impact écologique. Il ne viendrait à l'idée de personne que chacun devrait avoir son propre avion : l'avion est considéré d'emblée comme un transport en commun. Or la même logique pourrait s'appliquer à l'automobile, aux piscines, aux bibliothèques personnelles, aux installations sportives et même aux lieux de villégiatures.

C'est également par le partage communautaire que l'on peut le mieux réduire le gaspillage des ressources et des biens : par des services de récupération, de recyclage, de réparation, d'échanges, etc.

Et c'est enfin par les solidarités humaines, les échanges de biens et services, les rencontres informelles et même les coups de pouce financiers occasionnels que l'on peut le mieux retisser peu à peu les liens sociaux qui sont indispensables à toute collectivité et qui nous font souvent si cruellement défaut.

Chapitre X

Changer les individus ou les structures ?

Comment s'y prendre pour changer le monde

CERTAINS DIRONT PEUT-ÊTRE *que c'est une erreur de vouloir ainsi changer le monde en commençant par balayer devant sa porte au lieu de s'engager au niveau des structures économiques, politiques ou syndicales.*

C'est un débat vieux comme le monde : faut-il changer d'abord le cœur des individus ou les structures collectives ? Et si c'était les deux à la fois, indissociablement ? Sans compter que pour changer les structures, ça prend des individus qui ont ou qui se donnent du temps, ce que la SV aide grandement à faire.

La SV a cela de merveilleux qu'elle peut se pratiquer n'importe où et n'importe quand, par absolument tout le monde à son propre rythme et son propre niveau. Pas besoin d'attendre un groupe ou un mouvement, une consigne ou des infrastructures. Chacun est son propre maître, détermine ses propres objectifs et choisit ses propres moyens.

Évidemment, comme on vient de le voir, la SV se pratique généralement mieux ou plus facilement à plusieurs, surtout dans des domaines qui supposent une volonté collective : transport en commun, centres culturels ou de loisirs, développement urbain favorable, etc. Sans compter qu'il est toujours plus encourageant de se sentir appuyé par d'autres que seul à contre-courant dans son coin.

Pourtant, chacun peut déjà commencer chez lui, dans sa vie quotidienne, à travers l'un ou l'autre des innombrables aspects de la SV : alimentation, rythme de vie, finances personnelles, etc. Mais cela en vaut-il la peine ? Et cela va-t-il changer le monde ? Interrogation d'autant plus pertinente que certaines questions, comme les défis environnementaux, ne peuvent pas être convenablement résolues par les seules actions individuelles.

La première réponse est facile : il vaut la peine de poser des gestes individuels si cela nous rend plus heureux, plus cohérent avec nous-même, plus agréable ou généreux envers les autres. Il serait absurde de s'en priver sous prétexte que cela n'est peut-être pas la solution aux problèmes du monde !

Si pratiquer la SV dans ma vie personnelle me permet de vivre *plus* et *mieux*, c'est déjà une raison suffisante pour continuer.

Mais à quoi peut bien servir d'éviter de laisser couler l'eau du robinet pendant que je me brosse les dents, ou de ne pas tirer trop souvent la chasse d'eau de toilette quand une proportion énorme de l'eau de Montréal est gaspillée chaque jour dans les fuites du réseau d'aqueducs ? Et tant qu'à y être, pourquoi économiser l'eau des arrosages de pelouses, ou éviter de vider et de remplir sa piscine hors terre ? Où tracer la ligne entre « ce qu'il vaut la peine de faire » ou pas ?

Ce n'est bien sûr là qu'un exemple, en apparence anodin, parmi des milliers d'autres. Et pourtant il peut nous aider à découvrir précisément pourquoi on ne doit jamais séparer le changement des cœurs et celui des structures.

Bien sûr, l'eau économisée (ou non gaspillée) en vous brossant les dents ne fera aucune différence dans votre compte de taxes, à moins que les millions d'habitants de la région montréalaise ne fassent aussi comme vous! Et la quantité d'eau ainsi épargnée restera infime par rapport à toute celle qui sera perdue à travers les fuites du système, ou aux quantités potentiellement gaspillées dans les entreprises.

Et pourtant, le simple verre d'eau que vous n'avez pas laissé couler (dans la réalité, c'est souvent beaucoup plus qu'un verre : essayez pour voir) aura son impact de multiples manières. D'abord parce que cette quantité n'aura pas besoin d'être refiltrée pour être rendue à nouveau potable, épargnant ainsi des coûts et de nombreuses ressources à la collectivité (si vous saviez la quantité de produits chimiques et d'autres ressources qui entrent dans le processus de filtration de votre verre d'eau!).

Ensuite, parce que ce petit geste aura forcément un impact multiplicateur, à la fois dans votre vie et dans celle de ceux qui vous entourent. Car si vous vous préoccupez de ne pas gaspiller une ressource comme l'eau, il y a fort à parier que vous vous intéresserez aussi, graduellement, à réduire d'autres formes de gaspillage. Et que par votre exemple, vos enfants, vos visiteurs ou vos amis risqueront d'être à leur tour interpellés dans leurs propres comportements. Et que votre verre d'eau économisé « fera ainsi des petits » à la fois plus nombreux et plus surprenants que vous ne pouviez le prévoir.

Mais surtout, parce que la correction des problèmes structurels (ici les fuites du réseau d'aqueducs de la ville ou le gaspillage des entreprises) aura d'autant plus de chances de se réaliser que les individus conscientisés et agissants seront plus nombreux. Plus les citoyens seront nombreux à se préoccuper, dans leur quotidien, d'éviter le gaspillage de l'eau, et plus la pression sociale et politique sera forte pour que la collectivité, responsable de quantités beaucoup plus grandes, fasse de même.

Ne nous y trompons pas : des individus qui cherchent, dans leur agir propre, à améliorer le sort du monde vont nécessairement appuyer aussi les changements collectifs ou structurels nécessaires. Tandis que ceux qui réclament d'abord l'implication ou le changement « des autres » (les gouvernements, les multinationales, les syndicats) avant de faire leur part risquent fort de ne jamais s'impliquer eux-mêmes, que ce soit dans la lutte collective pour les changements structurels ou en posant les gestes individuels qui peuvent contribuer au changement.

Comme le répète souvent l'animatrice d'émissions télévisées sur la SV Wanda Urbanska : « Nothing is too small to make a difference[1] ! » Ce n'est pas pour rien que Gandhi disait que l'arbre est déjà tout entier dans la graine. Et que nos comportements individuels annoncent déjà, mieux que tout autre discours, ce que seront nos agissements comme collectivité.

CHAPITRE XI

La SV et l'argent

Comment devenir indépendant de fortune

NOUS ALLONS MAINTENANT *brièvement aborder, au cours des prochains chapitres, quelques-uns des principaux « terrains d'atterrissage » de la SV. Ceux qui touchent les raisons les plus fréquentes pour lesquelles on s'y intéresse. En commençant par l'argent et tout ce qui l'entoure : l'endettement, le travail, la dépendance et la consommation.*

La majorité des gens autour de nous ont l'impression de « manquer d'argent » ou souhaiteraient en avoir davantage. Pourquoi ? Une réponse complète pourrait bien sûr occuper tout ce livre. Mais disons que quel que soit son niveau de revenu, presque tout le monde considère qu'il serait riche... s'il avait deux fois plus d'argent qu'il n'en a ! Nous connaissons tous des gens qui gagnent beaucoup plus que nous et qui sont pourtant endettés, tout comme des gens qui gagnent beaucoup moins et qui, malgré tout, arrivent à joindre les deux bouts.

En fait, l'équation est fort simple : pour éviter la spirale de l'endettement, il suffit de dépenser un dollar de moins que le total de votre revenu, que celui-ci soit considérable ou modeste. Et à cause du redoutable mécanisme de l'intérêt, tant que vous avez un dollar d'épargne, celui-ci « travaille » pour vous tandis que dès que vous avez un dollar de dette, c'est vous qui travaillez pour lui !

« Oui, direz-vous, j'aimerais bien pouvoir épargner. Mais encore faudrait-il que j'en aie d'abord assez pour vivre ! » Voilà ! Le mot essentiel est lâché : *assez* pour vivre… Qu'est-ce qu'avoir *assez*? La réponse varie évidemment selon la situation, les goûts ou les obligations de chacun. Mais dans notre monde de consommation, on dépense chaque année des milliards en publicité pour nous convaincre précisément que nous n'avons jamais assez. Ce qui était hier un luxe est aujourd'hui une nécessité et sera peut-être même demain un signe de pauvreté. Prenez le téléphone noir à cadran : il n'y a pas si longtemps, il ne fournissait même pas encore une ligne privée pour tous les abonnés ; il fait maintenant figure de dinosaure devant les cellulaires multimédias dont presque aucun jeune ne semble pouvoir se passer.

« L'avidité de l'être humain est insatiable », écrivait le philosophe Aristote il y a déjà 23 siècles ! Nos désirs sont infinis et notre société d'abondance a vite fait de transformer ces désirs en véritables besoins. On s'imagine mal vivre sans automobile, sans DVD ou sans four à micro-ondes. Et pourtant, toutes ces possessions matérielles nous rendent-elles vraiment heureux ? On avait, en Occident au tournant de l'an 2000, un niveau de vie environ cinq fois plus élevé que celui de nos grands-parents ou arrière-grands-parents au début du XXe siècle : sommes-nous cinq fois plus heureux qu'ils l'étaient ?

Toutes les études montrent que le lien entre richesse matérielle et bonheur est un leurre. Les principaux ingrédients du bonheur semblent plutôt être la satisfaction éprouvée dans les relations humaines (dont la famille), le travail et les loisirs. Or paradoxalement, on constate que les rapports à ces trois domaines ont souvent tendance à se détériorer avec l'augmentation du niveau de vie : plus on est riche et autonome, et plus on risque de s'isoler, d'être passif ou spectateur dans ses loisirs et accaparé par le travail qui prend toute la place.

La question de l'argent est généralement très liée à celle du travail. Combien de personnes ne font leur travail que parce qu'elles sont « bien obligées de gagner leur vie » ? Soit qu'elles n'aiment pas leur travail, qu'elles travaillent beaucoup trop ou dans de mauvaises conditions, ou que ce travail ne correspond ni à leurs goûts ni à leurs capacités. Or la dépendance vis-à-vis du travail (est-ce bien différent d'une forme d'esclavage ?) est fonction pour une grande part de la quantité d'argent dont chacun a besoin pour vivre. Si vous avez besoin de 50 000 $ par an, votre dépendance à l'égard du travail sera forcément plus grande que si vous n'avez besoin que de 25 000 $. Plus vos « besoins » financiers seront grands, et moins vous aurez le choix ou la liberté de travailler à temps partiel si vous le désirez, de rester à la maison vous ou votre conjoint, ou de quitter un emploi qui contredit vos principes ou vos valeurs.

Comme le répète souvent Serge Mongeau, on échange nos vies contre des biens, notre temps contre des possessions. On s'achète une auto ou un lave-vaisselle pour gagner du temps : mais dans les faits, on ne passe pas moins de temps en déplacements, on va simplement plus loin ; et le temps épargné à ne pas faire la vaisselle doit être consacré au travail pour payer l'électroménager.

La majorité de nos concitoyens considèrent « qu'ils n'ont pas le choix ». Ils aimeraient bien que les choses soient autrement (que le système financier n'impose pas ses volontés à nos gouvernements, que tout ne soit pas transformé en marchandise et soumis à la loi de l'offre et de la demande, que l'on cesse de courir, etc.), mais ils se sentent impuissants devant des forces qui les dépassent. Pourtant, *rien ne vous empêche de reprendre le contrôle de votre propre vie* si vous le voulez vraiment. Et les besoins d'argent ne sont surtout pas l'obstacle insurmontable que vous croyez.

C'est la bonne nouvelle qu'apporte un livre comme *Votre vie ou votre argent ?* de Joe Dominguez et Vicki Robin[1]. C'est sans doute le meilleur outil concret pour aider les individus à revoir leur relation à l'argent, identifier leurs priorités, mesurer en quoi leur façon de vivre actuelle répond plus ou moins bien à ces priorités et déterminer les moyens et les étapes précises pour se rapprocher de leurs véritables valeurs. Bref, pour que l'argent cesse d'être un maître tyrannique ou une source constante d'inquiétude et qu'il devienne toujours davantage un serviteur au service de votre liberté.

Dans ce livre, vous trouverez entre autres cette notion fondamentale : votre principale richesse n'est pas votre argent mais votre temps. Et c'est cette énergie vitale (une partie de votre vie) que vous échangez, par l'intermédiaire du travail, contre de l'argent. Comment s'assurer alors que « vous en avez vraiment pour votre argent » ? Comment mesurer si le plaisir, le bonheur ou la satisfaction que vous tirez de telle ou telle dépense vaut vraiment le temps d'énergie vitale que vous devez consacrer à gagner cet argent ?

En plus de proposer neuf étapes simples et progressives pour en arriver à ce qu'ils appellent « l'intégrité financière », Dominguez et Robin ont la sagesse de rappeler constamment qu'il s'agit d'une démarche individuelle, que chacun doit trouver ses propres réponses et qu'il faut surtout le faire « sans honte et sans culpabilité ». Ils invitent également à découvrir la « courbe de la satisfaction ou de la satiété » qui convie à revoir avec des yeux neufs cette tendance naturelle, fortement alimentée par la publicité, à « vouloir toujours plus ».

En résumé, la SV permet d'expérimenter concrètement qu'on peut vivre *mieux* avec *moins* : moins d'argent, moins de biens matériels, moins de travail, moins de dépendance et… pas de dettes du tout !

CHAPITRE XII

La SV et le temps

Prendre le temps de vivre

C'EST LA COURSE FOLLE et le manque de temps qui amènent bien des gens à la SV. Se pourrait-il qu'on puisse ralentir dans ce monde qui va toujours plus vite, voit toujours plus gros, pousse toujours plus loin ?

C'est une question que l'on se pose un peu partout et les débuts de réponses se multiplient : on a commencé par contester le « fast food » en remettant en valeur le « slow food ». Ce mouvement, né en Italie en 1986, a par la suite donné naissance aux « villes lentes » qui commencent à revendiquer, pour leurs habitants comme pour leurs visiteurs, un autre rapport au temps, à l'urbanisme et à l'automobile. On se pose de plus en plus la question par rapport au travail, individuellement mais également dans certaines entreprises. Au Québec, le Mouvement des lents d'Amérique organise depuis quelques années une Journée de la lenteur pour célébrer le solstice d'été, le 21 juin.

Le journaliste canadien-anglais Carl Honoré a publié, en avril 2004, *In Praise of Slow* (Éloge de la lenteur). Ce livre, déjà traduit en 12 langues et sur la liste des best-sellers dans plusieurs pays, a littéralement fait de lui l'un des porte-parole les plus recherchés de cette nouvelle tendance. De même aux États-Unis, les leaders du mouvement de la SV ont fait du temps leur première revendication politique à travers la mise en place du « Take Back Your Time Day » (Reprenons le contrôle de notre temps) : cette journée annuelle est célébrée le 24 octobre depuis 2003, exactement neuf semaines avant la fin de l'année pour rappeler aux Américains qu'ils travaillent neuf semaines de plus chaque année que la moyenne des Européens ! Ce mouvement gagne également une foule d'autres pays, dont le Japon qui est pourtant réputé pour son culte du travail et de la productivité.

Partout, on commence à remettre en question la fuite en avant que semble de plus en plus représenter notre mode de développement et de croissance. Pendant que la science permet désormais de mesurer le temps à la femtoseconde (un millionième d'un milliardième de seconde !), l'électronique nous donne accès à des quantités sans cesse plus colossales d'informations, de recherches ou de produits culturels. Sans parler des moyens de communication qui permettent de suivre l'actualité planétaire en temps réel et les outils de bureautique qui nous permettent de travailler ou d'être rejoints 24 heures sur 24, sept jours sur sept.

Le stress est devenu l'ennemi public numéro un. On fait maintenant des burnouts ou des dépressions sévères avant l'âge de 30 ans. Les études s'allongent et l'accès au travail se précarise sans cesse. Les maladies de civilisation (c'est-à-dire les maladies directement causées par notre mode de vie) se multiplient : cancers, obésité, maladies cardiaques, etc.

Est-ce vraiment ainsi que nous voulons vivre ?

Les adeptes de la SV choisissent de vivre autrement, au rythme qu'ils ont eux-mêmes choisi. Moins préoccupés d'accumuler davantage d'argent, de biens, de reconnaissance sociale que de prendre vraiment le temps de goûter ce qu'ils ont déjà. Soucieux, le plus possible, d'éviter de « perdre sa vie à la gagner ».

Travail à temps partiel ou à temps partagé, congés différés ou périodes sabbatiques, journées périodiques de décrochage ou de retraite pour prendre le recul nécessaire pour ne pas se perdre de vue, temps familial retrouvé pour des repas ou des loisirs vécus ensemble, moments de bénévolat, d'entraide ou de simple présence gratuite pour retisser les liens de voisinage, ou de soutien intergénérationnel : autant de moyens concrets, parmi tellement d'autres, que l'on peut prendre pour retrouver le temps de vivre. Ce que chacun fera de son temps retrouvé relève des choix individuels. Mais il est incontestable que la vie en société, la citoyenneté active et les rapports humains ont tout à gagner si davantage de personnes se donnent les moyens d'avoir du temps.

Évidemment, cela suppose des choix ! On ne peut pas toujours avoir en même temps le beurre et l'argent du beurre. Avoir du temps (ou plutôt, choisir de prendre du temps) est souvent synonyme de gagner moins d'argent. Mais également d'avoir davantage l'occasion de profiter vraiment de celui que l'on a.

Prendre le temps, c'est aussi bien souvent avoir moins de dépenses : moins besoin de garderie si je suis à la maison ; moins besoin de restaurants si je prends le temps de me préparer un lunch ; moins besoin d'une auto individuelle ou de taxis si mon rythme de vie ou de travail ralentit ; moins de dépenses en cadeaux d'anniversaire ou de Noël si j'ai le temps de fabriquer moi-même une carte souvenir ou d'offrir de mon temps en cadeau; probablement même moins de frais de médicaments ou de santé si je me donne le temps de faire du sport ou de l'activité physique plus régulièrement.

Pour le temps comme pour l'argent, la SV nous rappelle que nous ne sommes pas obligés de suivre le courant de la société marchande, compétitive et trépidante qui nous entoure. Nous n'avons pas à être les esclaves, même consentants, d'une société qui semble s'être emballée sans trop savoir où elle s'en va. Nous avons le choix de nos priorités, de nos valeurs et de nos rythmes de vie. À chacun de décider ce qu'il en fait.

Chapitre XIII

La SV et l'environnement
Un cadeau pour la planète

La préoccupation environnementale a longtemps été la principale porte d'entrée vers la SV. Depuis les premiers cris d'alarme lancés vers la fin des années 1960, de plus en plus de gens ont pris conscience que nous vivons sur une planète limitée : nous sommes tous les passagers d'un même navire qui est la Terre. Et malgré toutes nos explorations spatiales, il est plus que douteux que les humains puissent un jour émigrer massivement vers Mars ou ailleurs dans le système solaire !

Les ressources de la planète sont limitées : non seulement les ressources naturelles non renouvelables, comme le pétrole, les minerais, etc. ; mais également les ressources renouvelables (nous pouvons réutiliser l'eau, en payant pour la rendre à nouveau potable ; mais nous ne pouvons pas augmenter la quantité totale d'eau disponible, ni sa répartition géographique sur les divers continents).

Pendant ce temps, le nombre d'habitants de cette planète limitée continue de croître rapidement. Les meilleures estimations scientifiques prévoient que la population mondiale ne pourra cesser d'augmenter avant un peu moins d'un siècle et avant d'atteindre environ 10 milliards d'habitants (60 % de plus que maintenant !). La tarte ne pouvant pas substantiellement s'agrandir et le nombre de mangeurs augmentant sans cesse, la pointe de tarte disponible ne peut que rapetisser. Simple bon sens !

Mais cette diminution proportionnelle des ressources planétaires disponibles pour chacun n'est pas seulement due à l'augmentation de la population. Elle est également aggravée par la revendication croissante par les plus pauvres d'une répartition moins injuste des ressources disponibles. Les pays du tiers-monde veulent eux aussi s'industrialiser et donc utiliser plus d'énergie. Les Chinois ou les Indiens veulent eux aussi pouvoir se déplacer en automobile. Les Russes, les Brésiliens ou les Nigérians ne voient pas pourquoi ils devraient manger moins de viande que nous. Avec la mondialisation des communications, même les régions les plus reculées d'Afrique ou d'Asie rêvent d'avoir accès à la télévision ou à l'ordinateur. Cela pose évidemment la question d'une plus juste répartition des ressources que nous aborderons dans le prochain chapitre.

Mais la prise de conscience environnementale nous pose une question beaucoup plus fondamentale : même si les ressources étaient illimitées et mieux réparties, serait-il plus acceptable de gaspiller ces ressources comme nous le faisons présentement ? De polluer notre Terre avec autant d'inconscience ? De produire en quantité industrielle des déchets évitables comme les emballages ? Sommes-nous les propriétaires privés de la planète, dont nous pourrions disposer comme bon nous semble ? Ou ne sommes-nous pas plutôt les intendants de celle-ci, héritiers de ceux qui nous ont précédés et chargés d'en prendre soin pour ceux qui nous suivront ?

Les adeptes de la SV essaient de mille façons, au quotidien, d'utiliser les ressources disponibles d'une manière plus responsable. Ils s'interrogent sur la nécessité ou non de leurs achats : désir ou besoin ? Ils se préoccupent du contenu de leurs aliments : sont-ils relativement naturels ou énormément transformés ? Ils tiennent compte de la distance parcourue par un produit pour arriver jusqu'à eux : avez-vous conscience que le contenu de votre assiette a voyagé en moyenne 2 500 kilomètres, avec les coûts de transport et la pollution que cela représente[1] ? Ils apprennent à se déplacer et à voyager différemment : en maximisant l'utilité de certains déplacements en automobile ou en les collectivisant, en privilégiant le transport en commun, en évitant certains loisirs ou déplacements particulièrement polluants, etc.

Là encore, il n'y a ni recettes, ni obligations. Mais seulement le souci concret et personnalisé de vivre *légèrement* sur cette planète, de ne pas y laisser une empreinte disproportionnée[2], de ne pas s'encombrer de bagages inutiles et de laisser la Terre au moins aussi propre et riche après notre passage que nous l'avons trouvée lors de notre arrivée.

Les défis qui se posent sur le plan de l'environnement sont énormes : réchauffement climatique, gaz à effet de serre, pollutions diverses, épuisement des ressources non renouvelables, déchets nucléaires et dangereux, etc. De très nombreux groupes s'y consacrent, depuis des années, et la SV n'y détient aucun privilège. Mais ceux et celles qui cherchent à vivre plus simplement, peu importe leur motivation initiale, deviennent presque tous inévitablement des

« amis de la Terre ». Ils veulent lui faire honneur, la respecter dans ses limites, lui être reconnaissants de tous ses bienfaits, en prendre grand soin pour les générations à venir.

CHAPITRE XIV

La SV et la justice sociale

Pour que d'autres puissent simplement vivre

LES RESSOURCES ET LA QUALITÉ de vie ne sont pas partagées équitablement, ni entre les pays, ni à l'intérieur de chacun d'eux. Personne n'osera sans doute contredire une telle affirmation : les disparités sont tellement criantes à tous les niveaux (« richesse » monétaire, éducation, santé, espérance de vie, respect des droits et de la démocratie, guerre et paix, etc.).

Certains s'y résignent comme à une fatalité : « On naît déjà tous inégaux, quoi qu'en dise la Déclaration universelle des droits » ou encore « Il y aura toujours des pauvres parmi nous ». Mais de plus en plus nombreux sont ceux et celles qui croient qu'« un autre monde est possible » et qui sont prêts à y travailler personnellement.

Le chantier auquel nous sommes conviés à participer est immense, un peu comme celui de la reconstruction des pays de l'Asie du Sud dévastés par les tsunamis du 26 décembre 2004. Mais comme on l'a vu de manière spectaculaire, les humains sont spontanément capables d'une grande solidarité quand ils en ressentent la nécessité. Et comme on l'a constaté à cette occasion, ce ne sont généralement pas les moyens qui manquent mais bien plus souvent la volonté politique de résoudre les problèmes.

Il serait impossible d'étendre à tous les habitants de la planète le niveau de vie actuel des Nord-Américains : il nous faudrait déjà les ressources de quatre ou cinq planètes Terre pour y arriver ! Et si les Chinois et les Indiens avaient le même nombre d'automobiles par habitant que nous, ils n'auraient pas suffisamment de kilomètres de routes pour les mettre bout à bout, sans parler de la pollution ! Alors, que fait-on ?

La réponse théorique est bien simple : ou bien nous continuons à vouloir accaparer la même part disproportionnée du gâteau que présentement (pour illustrer, disons que « l'empreinte écologique » disponible pour chaque habitant de la planète était de 2,2 hectares en 1999 et que les Canadiens en utilisaient en moyenne 7,7 hectares par habitant, tandis que les États-Uniens en utilisaient 10,3 ![1]), et alors nous devrons augmenter sans cesse nos mécanismes de sécurité pour tenter de protéger le plus longtemps possible nos « richesses » de l'envie légitime des démunis ; ou bien nous acceptons de mieux répartir les ressources entre les humains et cela ne sera possible *que si nous, dans les pays riches, en prenons moins que présentement* ! « Vivre plus simplement pour que les autres puissent simplement vivre », disait Gandhi.

Mais la réponse pratique et concrète est moins facile. Nos modes de vie et nos économies sont basés sur la consommation démesurée d'énergie, sur la fabrication massive de biens plus ou moins nécessaires et rapidement obsolètes, sur une exploitation des ressources et des échanges internationaux reposant sur des règles fortement injustes et sur une croissance illusoirement illimitée. Il n'est pas toujours simple de vivre sans automobile dans des villes et villages construits en fonction de celle-ci. Et la plupart de nos choix sont inévitablement des compromis entre plusieurs intérêts ou valeurs conflictuels.

C'est pour cela, entre autres, que la SV n'est pas pour les « puristes ». Nous avons tous nos contradictions et il est impossible, pour une même personne, de toujours être absolument cohérente dans tous les aspects multiples de ses décisions quotidiennes. Pourtant, au lieu d'être source d'impuissance ou de découragement, cette constatation de nos limites est pour les adeptes de la SV une source de motivation et de réconfort ! Personne ne peut être parfait, ce qui nous déleste du poids des obligations moralistes ou du jugement culpabilisant. Mais en même temps, chacun peut faire quelque chose (et même plusieurs choses) pour améliorer la situation, ce qui nous permet d'assumer la part de responsabilité humaine qui est la nôtre.

Comme le répète souvent l'écologiste Laure Waridel, « acheter, c'est voter »[2]. C'est-à-dire que chacune de nos plus petites actions quotidiennes a un impact direct sur le monde qui nous entoure, même si on ne peut souvent pas le mesurer. Acheter des produits du commerce équitable, c'est commencer à modifier les règles commerciales dominantes et mieux payer les véritables producteurs des biens. Se préoccuper de consommer plus « local », c'est réduire la pollution due au transport des marchandises. Participer à la réunion des parents de l'école, c'est prendre une plus grande part de la responsabilité d'éducation de nos enfants et renforcer le tissu social et le voisinage. Prendre le transport en commun, c'est diminuer la place et l'influence de l'automobile privée dans les priorités de notre collectivité. Écouter telle émission de télévision, lire tel livre ou acheter telle revue, c'est influencer directement le type de produits culturels qui seront dorénavant disponibles. Et on pourrait faire ainsi le tour de nos innombrables choix quotidiens pour mesurer combien ils ont un poids considérable sur notre avenir.

Certes, plusieurs décisions concernant une plus grande justice entre les peuples ne peuvent être prises qu'au niveau des grandes instances décisionnelles, nationales ou internationales. Mais chacun sait que les dirigeants, économiques et politiques, n'agissent que sous la pression des électeurs, consommateurs ou actionnaires. C'est pour cela que la SV est un chemin privilégié pour amorcer les changements nécessaires : c'est quand suffisamment de personnes auront commencé à changer leurs comportements en fonction de nouvelles priorités que nos décideurs sentiront le besoin de bouger à leur tour.

La SV est un choix personnel. Mais cela peut devenir aussi un efficace et précieux outil collectif.

Chapitre XV

La SV et la spiritualité
Redécouvrir l'essentiel

Le sujet *est délicat dans une société québécoise qui digère encore sa sécularisation rapide des années 1960 et 1970. La SV a-t-elle quelque chose à voir avec la quête de sens, avec la spiritualité, voire avec le religieux ?*

Alors que l'écologie a longtemps été l'un des principaux chemins conduisant à la SV, de plus en plus de gens s'y intéressent pour les valeurs et le sens qu'ils y trouvent. Nous vivons dans une société qui a perdu ou rejeté ses repères traditionnels, où les multiples promesses de bonheur de la consommation n'ont pas été tenues et où un nombre alarmant de personnes sont aux prises avec les affres de la dépression ou du suicide. Pas étonnant qu'on soit à la recherche de nouvelles raisons de vivre !

Or la SV et la spiritualité (entendue dans son sens le plus large) ont beaucoup en commun : retour à l'essentiel, désencombrement de tout ce qui est distraction plutôt qu'attraction, priorisation de ses valeurs de vie, recherche de ce qui est durable plutôt qu'éphémère, vision altruiste plutôt qu'individualiste, orientation consciente et délibérée de sa vie par opposition à une vie fondée sur des idées toutes faites ou à la mode, etc. De même, l'aspect collectif ou communautaire, qui va souvent avec la pratique de la SV, est aussi une dimension importante dans la plupart des traditions spirituelles.

Ce n'est d'ailleurs pas un hasard si la sagesse qui est à l'origine de la SV (*voir* chapitre 6) est issue de courants à la fois philosophiques et spirituels. Car dans les deux cas, la question centrale est la même : quel est le sens de la vie et comment la vivre ? On ne sera donc pas surpris qu'un bon nombre de grands leaders spirituels, dans toutes les traditions religieuses et à toutes les époques, se soient retrouvés spontanément autour d'un certain nombre d'éléments clés de la SV. Précisons toutefois ici que plusieurs des principaux artisans du renouveau contemporain de la SV ne se situent pas eux-mêmes dans une perspective ouvertement spirituelle, sans nier pour autant que cette dimension puisse être présente ou importante pour d'autres.

Certains groupes pratiquent la SV pour des motivations explicitement religieuses, dans une perspective chrétienne par exemple. C'est le cas entre autres du groupe « Alternatives for Simple Living »[1] qui est un véritable précurseur de la SV en Amérique du Nord puisqu'il a été créé il y a plus de 30 ans, dès 1973. D'autres, comme l'important mouvement développé depuis 1992 autour du livre *Votre vie ou votre argent?* et de la « New Road Map Foundation »[2] de Vicki Robin et Joe Dominguez, n'incluaient initialement aucune référence spirituelle mais ont intégré peu à peu cette dimension dans leur travail ou leurs écrits. D'autres enfin, comme l'auteur canadien Mark Burch[3], en ont fait tout de suite une dimension

importante de leur réflexion dans une perspective ouvertement pluri-religieuse et non confessionnelle.

Mais dans la plupart des cas, la dimension spirituelle
relève davantage de la motivation que de la pratique
concrète de la SV. On pratique la SV parce qu'on y trouve
un sens ou parce que celle-ci s'accorde avec des convic-
tions spirituelles ou religieuses que l'on a déjà, mais les
gestes que l'on pose diffèrent rarement de ceux des personnes pour qui la SV est davantage politique, écologique
ou économique. Sauf peut-être en ce qui concerne les
grandes fêtes religieuses, que notre société de consommation a eu tendance à transformer en périodes commerciales privilégiées (Noël étant certainement le meilleur
exemple, mais pas le seul). Dans ces cas particuliers, aussi
bien les croyants que les non-croyants parmi les adeptes
de la SV s'entendent sur une même nécessité : retrouver
le sens de ces fêtes sociales ou religieuses et les dépouiller
d'une bonne part de leur caractère d'obligation rituelle ou
de leur dimension marchande; mais pour les croyants,
il s'agit en plus de leur redonner le sens spirituel qu'elles
avaient souvent à l'origine.

Au-delà des croyances personnelles, la SV demeure
pour la plupart un moyen privilégié de mettre du sens
au cœur de leur vie et d'y pratiquer la cohérence au quotidien.

CHAPITRE XVI

Oui, mais...

Réponse à quelques objections courantes

EST-CE À DIRE que la SV va de soi, qu'elle est facile et qu'elle ne pose aucun problème ? Évidemment pas ! Et les participants aux conférences ou aux ateliers ne se gênent pas pour nous le rappeler. Voyons brièvement quelques-unes de ces objections.

Oui, mais l'économie va s'écrouler si tout le monde pratique la SV !

Il est vrai que l'économie dominante actuelle est fondée sur la croissance, la consommation et le gaspillage. Et que la pratique généralisée de la SV entraînerait graduellement des modifications profondes dans le fonctionnement de l'économie : changements dans le type d'emplois, dans le mode de propriété intellectuelle, dans les règles commerciales, etc. Mais au moins trois raisons majeures expliquent pourquoi notre monde ne va pas s'écrouler pour autant :

- à voir les conséquences du système actuel pour la *grande majorité* des habitants de la planète, il y a plus à gagner qu'à perdre à changer les règles du jeu ;
- ces règles économiques sont *déjà* en train d'être bouleversées profondément par les nouvelles

technologies (la question de la propriété intellectuelle entre autres);

- et même si elle est souhaitable, la pratique de la SV
ne se généralisera certainement pas subitement et
l'évolution ne pourra être que graduelle (comme les
modifications des habitudes alimentaires auxquelles
on assiste déjà, par exemple).

**Oui, mais ce n'est pas tout le monde qui a envie de
revenir en arrière ou d'aller vivre à la campagne...**
La SV n'est pas passéiste et n'a jamais prôné le retour à
la terre. Il est vrai qu'à certaines époques, la contesta-
tion des valeurs dominantes a pu prendre la forme d'un
retour à la nature : communes, hippies, intérêt écologique, agriculture biologique, etc. Mais la SV n'est aucunement nostalgique d'un âge d'or supposé et ses adeptes
la vivent aussi bien dans les grandes villes qu'en régions
rurales. C'est d'ailleurs souvent plus facile en ville qu'à
la campagne, en raison des nombreux équipements collectifs favorisés par la densité de population. En fait, le vrai
défi serait d'apporter davantage de campagne en ville,
plutôt que l'inverse. La SV, en invitant chacun à redécouvrir ses véritables besoins et priorités, se considère
comme une nécessité pour le présent et se veut un courant
d'avenir, et non pas une glorification du passé.

**Oui, mais comment réconciliez-vous SV, technologie et
modernité ?**
La SV n'a jamais signifié le refus des technologies ou de la
modernité. Elle en critique les excès ou les dérives mais elle
ne peut pas se pratiquer ailleurs que dans le présent concret du monde actuel : je rédige ce petit livre à l'ordinateur

et je renvoie souvent à des sites Internet; beaucoup des adeptes de la SV possèdent une automobile (bien qu'ils essaient généralement de l'utiliser moins souvent ou plus rationnellement) ou la télévision (bien qu'ils y consacrent généralement moins de temps que la plupart des gens). La SV ne se vit jamais en vase clos, à l'abri des influences et des contraintes de son époque. Ses adeptes n'hésitent pas à utiliser la technologie récente quand c'est utile, mais s'assurent qu'elle demeure au service de l'humain et que celui-ci n'en devienne jamais ni l'esclave, ni l'adorateur. La SV veut être totalement « de son temps », mais sans pour autant être à la remorque de la mode, des tendances ou de la publicité.

Oui, mais « ils » vont sûrement trouver quelque chose pour régler ces problèmes...
C'est généralement la réponse optimiste devant tous les problèmes actuels qu'on ne peut manquer d'observer : problèmes écologiques, diminution des ressources non renouvelables, nouvelles épidémies, terrorisme et insécurité, etc. Le pétrole s'épuise ? « Ils » vont trouver de nouvelles formes d'énergie. L'automobile pollue trop ? « Ils » vont inventer des moteurs moins polluants. La dette des pays pauvres est impossible à rembourser (en plus d'être profondément injuste !) ? « Ils » vont renégocier le service de la dette et ajuster les mécanismes financiers internationaux. En faisant ainsi l'autruche, nous refusons de voir que chaque « solution » nouvelle a généralement pour effet d'aggraver le problème à long terme : par exemple, les nouvelles autoroutes diminuent *temporairement* les embouteillages actuels mais elles entraînent

inévitablement une augmentation graduelle de la circulation automobile qui recrée à son tour les bouchons et
pollue davantage qu'auparavant. Autre exemple : la
richesse matérielle augmente ainsi que le pouvoir d'achat
(c'est pour cela qu'« ils » ont inventé le crédit !), mais le
bonheur promis n'est jamais au rendez-vous tandis que les
maladies de civilisation et les taux de suicide augmentent.

Oui, mais c'est pas simple la SV !
Doris Janzen Longacre écrit : « Le problème avec la vie
simple, c'est que même si elle peut être joyeuse, riche et
créative, elle n'est pas simple ! » Il est vrai que simplifier
sa vie n'est pas toujours aussi facile que le mot semble
l'indiquer. Entre autres parce que notre société moderne
fait tout pour la complexifier sous prétexte de la rendre
plus riche ou plus confortable : lire le journal ou se tenir
au courant des nouvelles était plus facile quand un seul
journal arrivait au village et que l'information se limitait
à un ou deux bulletins par jour aux deux stations radio-
phoniques disponibles. Il est maintenant carrément
impossible, même pour quelqu'un qui s'y consacrerait à
plein temps, de lire les journaux accessibles (entre autres
sur Internet) ou de suivre l'information continue diffusée
par les réseaux spécialisés. Le domaine des connaissances
ne cesse de s'étendre, la technologie ne cesse d'envahir
tous les secteurs et la mondialisation facilite une circulation et un accès autrefois impensables. C'est pourquoi
nos vies seront inévitablement de plus en plus sollicitées
ou encombrées, puisque la capacité d'accueil ou d'ab-
sorption de ces inputs extérieurs a très peu ou pas du
tout augmenté : nos journées n'ont toujours que 24 heures
et nos semaines que sept jours, peu importe la quantité

de choses que nous cherchons à y faire entrer ; et malgré l'arrivée de l'ordinateur et ses capacités de mémoire, le cerveau humain, lui, n'a pas substantiellement changé. C'est pourquoi il est évidemment impossible de tout savoir ou de tout faire, tout comme il est impossible d'être parfaitement cohérent, même en matière de SV !

Oui, mais ce n'est pas toujours économique...
Les deux exemples les plus fréquents qu'on nous donne sont sans doute l'alimentation biologique et le commerce équitable. La plupart des adeptes de la SV trouveraient préférable d'acheter une nourriture plus naturelle et de mieux rémunérer les producteurs en évitant les magasins à grande surface ou en achetant des produits équitables. Mais les produits écologiques et équitables sont encore généralement plus coûteux et souvent moins disponibles que les aliments ou les produits manufacturés en série. Et bien des jeunes familles préféreraient habiller leurs enfants dans le quartier mais estiment qu'elles « n'ont pas les moyens » d'éviter les Wal-Mart et autres Costco. Contrairement aux idées reçues, la SV ne consiste pas à vivre le plus économiquement possible, et encore moins le plus chichement possible : ce n'est pas un concours « à qui trouvera le produit le moins cher » ! C'est avant tout une façon de choisir librement ses priorités et d'essayer de les vivre de mieux en mieux dès maintenant, sans attendre d'avoir atteint la retraite ou d'avoir gagné le gros lot. Même s'il est vrai que pour y arriver, les adeptes de la SV sentent très souvent le besoin de se libérer de l'esclavage de l'argent et donc de réduire leurs besoins financiers ou leur niveau de vie.

Oui, mais comment on fait quand son conjoint n'est pas d'accord ?

La SV n'est pas différente de toute autre valeur : il se peut que les deux conjoints ne partagent pas la même vision, soit dès le départ ou plus tard au cours de leur vie de couple. Comme pour tout autre désaccord, l'essentiel est de pouvoir en parler librement tout en respectant l'autre point de vue. La vie à deux ou à plusieurs est un apprentissage permanent, qui produit généralement ses fruits à la mesure des efforts qu'on a accepté d'y investir. Comme la SV vise avant tout le bonheur, il est peu probable que le désaccord porte sur l'objectif. Reste à discuter des moyens qui favorisent le mieux, pour chacun, la poursuite de cet objectif. Une façon d'aborder concrètement cette question entre conjoints, c'est de prendre conscience ensemble du véritable coût monétaire de nos choix : de discuter des priorités de chacun et d'établir un budget précis en conséquence. Mais ça ne pourra généralement se faire que graduellement. Et même dans le meilleur des cas, chaque conjoint ne pratiquera pas la SV exactement de la même façon !

Oui, mais ça ne marche pas avec les enfants d'aujourd'hui...

La pression sur nos enfants n'a jamais été aussi grande. C'est dans la publicité destinée au marché des jeunes et des enfants (y compris les bébés) que les budgets augmentent le plus. Rappelons que des contrats publicitaires, directs ou indirects, ont même été passés avec nos écoles, de l'université à la maternelle, et que la publicité y a envahi des salles de toilettes aux salles de cours ! C'est pourquoi il est plus urgent et important que jamais de se réapproprier l'éducation de nos enfants et de leur transmettre *nos* valeurs plutôt que de laisser la place aux publicitaires et aux marchands. Certes, ce n'est pas toujours facile. Et on agit différemment avec des adolescents et avec des jeunes d'âge préscolaire. Mais dans tous les cas, il est possible (en fait, il est même indispensable !) d'initier graduellement nos enfants à l'esprit critique, de les inviter à l'épargne (ou au moins à éviter le piège mortel du crédit), à devenir des consommateurs judicieux et avertis, et même de les associer déjà au plaisir du partage... Et pour y arriver, quoi de mieux que d'en faire un projet familial, auquel participeront autant les parents que les enfants ?

Oui, mais on n'a pas besoin de la SV : il y a déjà plein d'autres groupes qui s'occupent de tout ça !
C'est vrai, heureusement, qu'il y a de plus en plus d'organismes et de regroupements engagés dans la protection de l'environnement, le développement du jardinage ou du logement communautaire, la promotion du commerce équitable ou des placements éthiques, la lutte pour la justice sociale ou le développement international, etc. La SV n'a aucunement la prétention de fédérer tous ces groupes, et encore moins de les remplacer dans leur propre domaine ! Mais elle est une approche, une mentalité, une philosophie ou un art de vivre qui englobe tous les aspects de l'existence humaine et qui cherche à y favoriser le maximum de cohérence. En ce sens, c'est un mouvement « transversal » qui touche à une foule de domaines, comme l'altermondialisation : celle-ci ne vise aucunement à une représentation officielle ou hiérarchique, et encore

moins à un monopole, mais elle se sent néanmoins la responsabilité collective de promouvoir activement « un autre monde possible ».

Oui, mais c'est pas mal utopique, votre affaire !
L'utopie a toujours été un ressort précieux pour l'humanité et la SV est une utopie merveilleuse et nécessaire. Si quelque chose est utopique, c'est plutôt de croire qu'on peut continuer à vivre encore longtemps comme maintenant. La SV serait une utopie ? Pas plus que l'abolition de l'esclavage ou de l'apartheid, la reconnaissance des droits civiques aux États-Unis, ou l'adoption de la Déclaration universelle des droits de la personne ! Ni plus ni moins non plus que la lutte contre la guerre ou le trafic sexuel des femmes et des enfants, ou que le combat pour la nonviolence[1] ! Une utopie essentielle, en progrès parfois laborieux et jamais réalisée une fois pour toutes. Mais une utopie qui fait vivre plus et mieux, nous et les autres.

CHAPITRE XVII

Par où commencer ?

*Y a-t-il des gestes plus importants
que d'autres ?*

PUISQUE LA SV *est un cheminement continu et personnalisé,
impossible de fournir des recettes tout usage. Mais il existe
quand même certains gestes qui sont plus importants que
d'autres, ou qui ont une influence plus déterminante quand
on souhaite simplifier sa vie. En voici quelques-uns parmi
d'autres…*

*Si votre priorité est d'améliorer votre situation finan-
cière*, quelques règles de base pourront vous orienter dans
la bonne direction. D'abord éliminez les cartes de crédit
(ou n'en gardez qu'une seule, dont vous paierez entièrement le solde chaque mois) : elles sont pour un grand
nombre le premier pas vers l'endettement. Consolidez
plutôt toutes vos dettes en un seul prêt personnel (généralement à un taux d'intérêt bien plus faible que les cartes
de crédit) et mettez votre priorité à sortir du rouge.

Ensuite, apprenez à distinguer, pour chacune de vos
dépenses, s'il s'agit bien pour vous d'un *besoin réel* ou
d'un *simple désir*. Et comme il a été suggéré plus tôt, prenez l'habitude de reporter, chaque fois que c'est possible,
vos dépenses d'une semaine ou d'un mois : c'est fou ce

que vous économiserez ainsi, en constatant que votre envie précédente a été depuis remplacée par une ou plusieurs autres que vous reporterez également d'une semaine ou d'un mois. N'ayez crainte : si c'est un besoin véritable, il sera encore là au terme de l'échéance et vous pourrez alors faire la dépense avec moins de risque de vous tromper ou de la regretter rapidement.

Si vous avez une automobile et que vous habitez en ville, demandez-vous sérieusement si vous ne pourriez pas utiliser le « cocktail de transports » dont parle Équiterre[1]. Pour la plupart, la propriété d'une automobile représente plus d'une journée de travail par semaine : c'est donc dire que vous pourriez dépenser autant et avoir le même argent dans vos poches en travaillant quatre jours ou moins par semaine si vous voyagiez autrement qu'en auto individuelle. C'est généralement le poste de dépense le plus important du budget familial avec le logement. La différence, c'est qu'on doit nécessairement se loger et qu'on n'a souvent pas tellement le choix dans la façon de le faire; tandis qu'on peut effectivement se déplacer autant et à bien moindre coût.

Si par contre votre priorité est davantage d'améliorer votre qualité de vie, songez sérieusement à revoir votre utilisation de la télévision. Beaucoup de Québécois passent en moyenne une trentaine d'heures par semaine devant leur téléviseur : cela équivaut sur une vie à environ 100 000 heures, ou plus de 10 années à temps plein ! Gageons que même pour de vrais amateurs de télévision, une proportion importante de ces 10 ans n'en valait pas la peine… Examinez également combien de temps, chaque semaine ou chaque année, vous utilisez les principaux appareils ou équipements pour la maison, le sport ou les loisirs que vous possédez. Et demandez-vous si votre qualité de vie en est vraiment meilleure ou pire, compte tenu du temps qu'il vous faut travailler pour payer ces appareils, leur entretien et leurs réparations.

Prenez le temps de vous arrêter périodiquement pour faire le point : juste pour vous assurer que vous n'êtes pas tout simplement emportés par le courant ou la routine, que vous n'êtes pas « sur le pilote automatique » (auto, boulot, dodo) et que vous essayez vraiment de vivre selon vos propres priorités. Et profitez de l'occasion pour examiner votre emploi du temps, car le temps est souvent comme l'argent : on ne sait pas où il passe et on a toujours l'impression d'en manquer ! À quoi précisément utilisez-vous vos journées et comment cela pourrait-il mieux refléter vos désirs et vos choix ?

Dans l'un et l'autre cas (améliorer sa situation financière ou sa qualité de vie), vous avez tout intérêt à réduire au maximum votre exposition à la publicité. Évidemment, c'est de moins en moins facile à mesure que nous laissons les publicitaires envahir nos espaces jusqu'ici protégés : ciel, toilettes, rues, bulletins de nouvelles, sièges de métro, etc. Sans compter que la télévision et bien d'autres médias, tout comme nombre d'événements culturels ou sportifs, ont tendance à devenir peu à peu essentiellement des « supports publicitaires » privilégiés. Dans ce contexte, il est d'autant plus important de prendre une distance critique à l'endroit de la publicité : essayez de voir quelle part celle-ci joue dans l'augmentation de votre bonheur personnel et quelle influence, positive ou négative, elle a dans l'établissement de vos propres valeurs et priorités. Et si, comme de plus en plus de gens, vous considérez que la publicité contribue davantage à exacerber vos désirs et vos frustrations qu'à vous rendre heureux, participez aux efforts qui se développent pour réduire la place et l'importance de la publicité au lieu de la laisser proliférer librement comme c'est le cas maintenant.

Aucune de ces actions, à elle seule, n'apporte bien sûr de solution miracle. Mais elles ont toutes en commun de provoquer une petite rupture dans l'erre d'aller, de fournir l'occasion de « reprendre le volant » de sa vie, de nous donner un peu plus de pouvoir et de liberté dans nos choix. C'est là l'une des raisons d'être principales de la SV.

CHAPITRE XVIII

Courant social ou mouvement ?

Le rôle du RQSV dans l'avenir de la SV

QUE LA SV *soit devenue un courant social depuis quelques années, au Québec et ailleurs en Amérique du Nord, nul ne songerait à le nier. Mode passagère comme tant d'autres ? À cette question souvent posée par les médias, j'ai l'habitude de répondre : « Seul le temps le dira. Mais ce qui n'est certainement pas temporaire, ce sont les problèmes auxquels cherche à répondre la SV. »*

Dans ce chapitre, l'auteur reprend délibérément la parole au « je » puisque nous sommes davantage dans l'ordre de la prospective. Jusqu'ici, comme un observateur neutre mais intéressé de la réalité, j'ai tenté de décrire des faits que nous sommes nombreux à constater dans une foule de domaines. Regardant maintenant vers l'avenir, j'essaie de dessiner les contours d'un projet qui me semble un peu partout en gestation. Une telle entreprise est forcément plus subjective et je serais très heureux qu'elle soit l'amorce d'échanges et de débats avec tous les partenaires intéressés.

Ces problèmes auxquels la SV cherche à répondre (course folle, stress, surtravail, surconsommation, endettement, embonpoint et autres « maladies de civilisation », crise écologique, iniquités scandaleuses entre riches et pauvres, perte des repères et quête de sens, etc.) n'ont cessé de s'aggraver depuis un demi-siècle. Et avec l'accélération de la mondialisation néo-libérale actuelle, tout indique qu'ils risquent de s'accentuer encore.

Mais la SV n'est-elle qu'un courant social, fait d'innombrables initiatives individuelles juxtaposées et qui, à cause de leur nombre grandissant, commence à faire parler de lui dans les médias ? Ou est-elle aussi, au moins en devenir, un véritable mouvement social, aux dimensions collectives et organisées ?[1] Sans entrer ici dans un débat théorique, disons seulement que l'avenir de la SV, comme force sociale et politique, risque fort de se jouer autour de cette question.

Et c'est là qu'intervient le Réseau québécois pour la simplicité volontaire (RQSV)[2]. Je n'en ai pas beaucoup parlé jusqu'ici parce que le RQSV n'existe pas pour lui-même mais pour la promotion de la SV. D'où l'accent principal que j'ai mis sur celle-ci.

Mais pour que la SV dépasse la simple addition d'expériences individuelles, aussi importantes soient-elles, il faut lui donner un minimum de moyens organisationnels. C'est un peu dans cet esprit qu'est né le RQSV, au printemps 2000, afin de fournir aux intéressés un point de rencontre et de favoriser une certaine continuité de la démarche. Au-delà des conférences, des livres et des ateliers occasionnels, les initiateurs du RQSV voulaient donner à la SV une certaine permanence et les outils nécessaires pour recueillir les diverses expériences, partager les trucs et les bons coups, cumuler les connaissances théoriques autant que les informations pratiques, et favoriser les liens entre les adeptes de la SV.

Pour qu'une idée se traduise dans la réalité, il faut lui donner des « mains » et des « pieds ». Dans le cas de la SV, chacun le fait individuellement par les gestes personnels et concrets qu'il décide de poser. Mais collectivement, il semblait opportun de se donner un outil qui deviendrait l'expression publique et commune de ces multiples choix individuels. C'est aussi l'un des rôles qu'a voulu se donner le RQSV : rassembler les adeptes de la SV qui désirent que leurs pratiques aient éventuellement une voix collective dans les débats sociaux et sur la place publique.

Ce passage du courant social au mouvement social est une démarche dynamique qui peut prendre des années et qui n'est nullement assurée. Il dépend d'un grand nombre de facteurs et ne peut surtout pas être imposé d'en haut. Le RQSV ne sera d'ailleurs peut-être pas, à l'arrivée, le véhicule privilégié de ce mouvement et ça n'a pas d'importance. Ce qui compte pour nous, c'est que les valeurs et les idées de la SV progressent dans notre société et qu'elles influencent de plus en plus nos choix collectifs puisque l'avenir de notre planète en dépend.

C'est pourquoi j'ai choisi de ne pas m'étendre ici davantage sur le fonctionnement du RQSV, la diversité de ses services ou l'importance d'en devenir membres. Cela est pourtant essentiel pour l'avenir du Réseau et, à travers lui, pour l'avenir de la SV au Québec. Mais j'espère bien (est-ce présomptueux de ma part ?) que ceux et celles qui m'ont lu jusqu'ici seront suffisamment convaincus de la pertinence du RQSV pour trouver tout ce qu'ils veulent savoir sur le Réseau dans la section Ressources, plus loin dans ce livre, ou sur le site Internet du Réseau.

Revenons donc au mouvement social que pourrait véritablement devenir la SV. Comment cela se traduira-t-il concrètement ? Nul ne peut le prédire exactement. Mais l'expérience du mouvement altermondialiste[3] peut nous en donner un exemple stimulant. Ce mouvement est apparu publiquement dans les médias pour la première fois à la fin de 1999, lors des manifestations de Seattle contre la Conférence de l'Organisation mondiale du commerce. Il s'est surtout fait connaître par la suite par les Forums sociaux mondiaux tenus plusieurs fois à Porto Alegre, au Brésil, pour faire contrepoids au Forum économique mondial qui réunit, depuis des décennies, les grands leaders économiques et politiques à Davos, en Suisse.

Né dans une espèce de « chaos anarchique » (c'est du moins l'image qu'en ont d'abord donnée les médias), où le seul point commun entre des groupes extrêmement diversifiés était la « résistance à la mondialisation néo-libérale », le mouvement a d'abord affirmé son refus du monde tel qu'on est en train de le faire. Mais peu à peu, on y a développé une approche plus positive, affirmant haut et fort qu'« un autre monde est possible ». D'où le changement de nom, maintenant accepté de tous en français, d'« anti-mondialisation » à « altermondialisation » : nous ne sommes pas contre la mondialisation en soi, mais contre la forme néo-libérale marchande qu'on veut lui donner et en faveur d'une autre sorte de mondialisation, davantage axée sur les valeurs humaines et le souci du bien commun planétaire.

Ce qui est sans doute ici le plus utile pour l'avenir de la SV et du RQSV, c'est la nouvelle « culture organisa-tionnelle » que développe concrètement, par essais et erreurs, le mouvement altermondialiste. Mouvement inclusif rassemblant des groupes aux expertises et aux champs d'intérêt les plus divers, il fonctionne de manière non hiérarchique, peu institutionnalisée, et repose en grande partie sur l'implication bénévole d'un très grand nombre de personnes, petites cellules ou plus grands groupes. Comme la SV, malgré ses contours un peu flous, il est pourtant facilement reconnaissable.

Même si cela est souvent inconfortable, il nous faut apprendre à vivre, de plus en plus, avec ces nouvelles formes de regroupement : souvent coalitions hétéroclites ou ponctuelles, ou même coalitions de coalitions, qui se forment, se défont et se reforment autour d'une foule d'enjeux les plus divers. Cette nouvelle « culture organisationnelle » en est encore à ses premiers balbutiements mais elle semble s'imposer un peu partout, dans tous les milieux : multiplication des petites initiatives, souvent locales, travail en réseau ou en concertation, grandes actions communes ou coalitions autour de certaines questions majeures ou ponctuelles (la guerre en Irak, la centrale thermique du Suroît, l'annulation de la dette du tiers-monde à l'occasion du Jubilé de l'an 2000, etc.).

Nous sommes-nous vraiment éloignés de la SV et du RQSV ? Beaucoup moins qu'on ne le croit. Car en plus de nombreuses valeurs communes, altermondialisation et SV partagent une même utopie alternative, au sens le plus mobilisateur du mot : expérimenter concrètement qu'« un autre monde est possible », et le rendre suffisamment visible publiquement pour que de plus en plus de gens y croient et aient le goût d'y travailler.

CHAPITRE XIX

Ailleurs dans le monde...

On n'est pas tout seuls

LA SV, ON L'A VU, *a connu une popularité croissante au Québec depuis 1998 à la suite de la publication du livre de Serge Mongeau,* La simplicité volontaire... plus que jamais ! *Longue présence du livre sur la liste des best-sellers, nombreuses conférences à travers la province, interviews fréquentes dans les médias, naissance du RQSV et du Groupe de simplicité volontaire de Québec, reprise de l'expression SV dans le vocabulaire courant, et même récupération du concept dans certaines annonces publicitaires : autant de signes de la vitalité du concept dans notre coin francophone d'Amérique du Nord.*

Mais qu'en est-il de la SV ailleurs dans le monde ?

On songe bien sûr d'abord aux **États-Unis**, où l'expression SV a été lancée et où de très nombreux groupes se sont développés depuis plus d'un quart de siècle. Mais déjà là, on découvre que la SV n'a aucun monopole sur le courant social qu'elle cherche à favoriser : aux États-Unis, l'expression SV n'est que l'un des nombreux noms que ce courant porte, au même titre que « simple living », « simple abundance », « good life »,

« financial integrity or financial freedom », « downshifting », « dejunking your life », « escape from affluenza »,
« thrift as a viable alternative lifestyle », « new american
dream », « take back your time day », « graceful simplicity », « slowing down », « living cheaply with style »,
« enough ! », « small is beautiful », « to have or to be ? »,
etc.

Sous chacun de ces termes se cachent un ou plusieurs
auteurs, groupes de discussion, réseaux d'intervention,
campagnes d'opinion ou de mobilisation, dans un ou
plusieurs domaines spécifiques ou connexes : lutte contre
la surconsommation et l'endettement, promotion de
nouvelles valeurs américaines, efforts pour désencombrer
nos vies et ralentir le rythme, reprise de contrôle de notre
temps et de notre argent, redécouverte des vertus de la
modération, etc. On trouvera plus loin, dans la partie
« Ressources », les coordonnées de plusieurs de ces
groupes, campagnes et publications américaines.

Comme on le voit, la diversité est à l'honneur. Et dans
un pays immense et développé comme les États-Unis,
bien des initiatives ne débordent pas le niveau local ou
régional. Tous ces innombrables acteurs[1], éparpillés dans
les 50 États américains, ont-ils quelque chose en commun ?
Si oui, quoi exactement ? Et se reconnaissent-ils eux-
mêmes, collectivement, dans ce qu'ils ont en commun ?

Là encore on retrouve la question du courant social,
indiscutable, qui se demande si et comment il peut
devenir un véritable mouvement social. C'est d'ailleurs la
raison d'être du « **Simplicity Forum** », une alliance de
leaders de la SV principalement des USA, qui s'est formée
depuis 2001 : il se réunit habituellement une fois par an
pour favoriser une plus grande cohérence et convergence

entre les multiples groupes participant à cette mouvance sociale et pour arriver possiblement à se donner une voix (et occasionnellement à mener certaines actions) commune et collective[2].

Mais la SV existe-t-elle ailleurs qu'aux États-Unis et au Québec ? La réponse est oui, pourvu qu'on accepte encore une fois d'élargir notre vocabulaire et nos sensibilités culturelles.

Commençons par le **Canada anglais** où Mark A. Burch fait, depuis une dizaine d'années, un travail de pionnier qui rappelle celui de Serge Mongeau au Québec. Burch a déjà publié plusieurs livres sur la SV[3], tout en développant et en donnant un cours universitaire entièrement consacré au sujet qui a déjà formé plus de 400 étudiants sur divers campus de Winnipeg. Il a participé activement aux débuts du « Simplicity Forum » aux États-Unis et vient de mettre sur pied, avec quelques associés, un centre de ressources canadien sur la SV, le « Simplicity Practice And Resource Center » (SPARC) basé à Winnipeg et dont le site Internet (www.simplicitycentre.ca) est actuellement en construction. Burch est d'ailleurs un conférencier recherché à travers le Canada.

Divers autres groupes canadiens rattachés à cette mouvance sont apparus (et ont parfois disparu) sur cette question, comme « The Canadian Mindful Living Network »[4] ou « The Otesha Project »[5], sans compter les très nombreux groupes centrés sur l'écologie, la consommation, le commerce plus responsable, etc.

Du côté de l'**Europe**, certains pays utilisent aussi l'expression SV comme telle tandis que d'autres pays emploient d'autres termes ou même d'autres concepts qui peuvent recouvrir une préoccupation semblable. Sans parler des problèmes linguistiques et culturels liés à la traduction d'un même mot d'une langue à l'autre !

Ce qu'on peut dire plus concrètement, c'est que le paysage européen est assez diversifié et que le niveau de développement du mouvement est très inégal. En **Suisse**, il s'est publié plusieurs livres en français[6], surtout par Pierre Pradervand[7] qui anime aussi, depuis de nombreuses années, plusieurs stages différents autour du thème *Vivre autrement*. Cependant, il ne semble pas exister en Suisse, pour le moment, de réseau ou de mouvement spécifiquement consacré à cette question.

Aux **Pays-Bas**, par contre, dès le début des années 1990, Hanneke van Veen et Rob van Eeden ont été les pionniers du mouvement pour la simplicité, qui a pris suffisamment d'importance pour que le mot « consuminderen » (consommer moins) s'implante dans la langue néerlandaise. Le centre d'information hollandais « Simplicity with Style » poursuit leur travail, animé par Jeanine Schreurs qui dirige aussi la publication *Genoeg* (*Assez*, ou *Suffisamment*), le « non glossy lifestyle magazine », bimensuel tiré à 10 000 exemplaires et disponible par abonnement et en kiosques. Jeanine Schreurs a aussi participé aux trois dernières réunions annuelles du Simplicity Forum, contribuant ainsi à jeter les bases d'un éventuel réseau international.

Au **Danemark**, l'intérêt est beaucoup plus récent et s'appuie sur la publication, apparemment très bien reçue, du premier livre en danois sur la SV. L'auteure, Gitte Joergensen, a aussi participé depuis deux ans aux rencontres du Simplicity Forum avec sa collègue des Pays-Bas.

En **Espagne**, à la suite de la publication en octobre 2003 d'un article à grand tirage écrit par Carlos Fresnada (auteur de *La vida simple*) et Jeanine Schreurs (qui s'étaient rencontrés aux Simplicity Forums de 2002 et 2003), un intérêt s'est manifesté qui semble avoir pris, pour le moment, la forme d'un forum de discussion en espagnol sur Yahoo.

En **France**, c'est autour de *Silence*[8], revue mensuelle d'écologie, d'alternatives et de nonviolence publiée à Lyon, que s'est organisée la réflexion autour de la SV. En plus de publier plusieurs articles de Serge Mongeau et de Pierre Pradervand, ils ont plus récemment orienté la réflexion sur le concept de « décroissance durable »[9]. Dans cette mouvance s'est également tenue, en octobre 2004, la première semaine du Festival « Fêtes-le vous-mêmes ! »[10] sous-titré cette année « Comment changer le monde rien qu'en bougeant ses dix doigts ». Un forum de discussion en français sur la SV a également été organisé sur Yahoo France, à la suite de contacts établis avec le forum de discussion issu du RQSV au Québec. Quelques Français, tout comme des Belges, ont aussi communiqué avec le RQSV dans le but de mettre éventuellement sur pied des équipes dans leurs pays.

Ce rapide tour d'horizon est certainement incomplet. Il repose sur nos connaissances encore limitées de cette vaste mouvance qu'est la SV comprise dans son sens large. Si dans la plupart des pays le mouvement est encore jeune, au niveau international il n'est encore qu'en gestation. Mais ce bref survol international permet quand même de pressentir que quelque chose bouge, un peu partout, pour remettre en question le monde tel qu'il va. « Un autre monde est possible » devient l'appel à une façon différente de vivre, de partager et d'être heureux. La SV veut y contribuer à sa façon.

CHAPITRE XX

Bonne route !

Soyez heureux, vous et tous les vôtres...

NOUS VOILÀ presque au terme de notre voyage ensemble. Merci de m'avoir accompagné jusqu'ici. Et j'espère que le parcours a été riche et stimulant pour vous comme il l'a été pour moi.

Mais la route est encore longue, pour chacun d'entre nous. Le monde est loin d'être ce qu'il devrait ou ce qu'il pourrait devenir, et nos vies personnelles aussi (la mienne en tout cas !). Cela nous laisse toute la place pour cheminer, grandir, explorer, découvrir.

La SV est comme une carte routière ou une boussole. Elle ne marche pas à notre place mais peut servir de repère ou de guide, que chacun est libre de suivre ou pas, à sa façon. Vivre plus et mieux, non pas tout seuls mais avec tous les autres : telle est la destination proposée. De quoi donner le goût du voyage !...

Bonne route à vous, et à tous ceux et celles que vous aimez ou qui voyagent avec vous. J'espère que nous aurons le plaisir de nous croiser à nouveau en chemin...

Ressources pour aller plus loin...

CETTE DEUXIÈME PARTIE regroupe une foule de ressources diverses (livres, publications, groupes, sites Internet, documents audiovisuels) qui vous permettront d'aller plus loin, concernant soit la SV en général, soit un thème plus précis.

La liste de ces ressources s'allonge chaque jour, particulièrement en anglais bien sûr, mais également en français et dans d'autres langues. Pas question ici de fournir une bibliographie exhaustive sur la SV, mais plutôt de proposer *des pistes particulièrement intéressantes pour des raisons souvent diverses*: priorité a été donnée aux ressources francophones ou locales; mais ces ressources ont aussi été sélectionnées en fonction de critères comme leur importance, leur complémentarité et leur accessibilité. Malgré cela, certains trouveront peut-être le menu un peu trop impressionnant. Pour tenter de rendre le plat moins indigeste, nous avons distingué ce qui nous semble le plus essentiel (en caractères habituels) de ce qui nous paraît utile mais complémentaire (en plus petits caractères).

Notre première rubrique fournira un peu plus d'informations sur le *Réseau québécois pour la simplicité volontaire* lui-même. Par la suite, les ressources seront regroupées par thématiques, en commençant par la SV en général, puis en continuant avec une vingtaine de thèmes spécifiques par ordre alphabétique. Évidemment, ces catégories auraient pu être différentes, et certaines ressources pourraient figurer sous plusieurs thèmes. C'est pourquoi nous essaierons de référer d'un thème à l'autre quand cela sera opportun, de manière à ce que chaque ressource n'apparaisse qu'une seule fois (normalement sous le thème que nous avons jugé le plus pertinent).

Il est évident que bien des outils disponibles ne seront pas mentionnés ci-dessous. Parfois, nous les connaissions et avons jugé (peut-être à tort) qu'ils n'étaient pas prioritaires. Souvent sans doute, nous ne les connaissions tout simplement pas, ou pas assez pour les inclure ici. C'est pour cela que votre collaboration peut être si précieuse : n'hésitez pas à nous communiquer (au RQSV dont vous trouverez les coordonnées ci-dessous) les ressources dont vous avez connaissance, ou à compléter notre sélection par la vôtre. C'est ensemble seulement que nous ferons progresser, chacun à notre rythme et à notre façon, la simplicité volontaire dans nos divers milieux.

Merci à l'avance...

Le Réseau québécois pour la simplicité volontaire (RQSV)

Le RQSV a pour fonction de promouvoir à travers le Québec la SV dans ses différentes dimensions, par :

- la réflexion et la recherche
- la mise en commun des ressources
- la diffusion d'informations
- le réseautage entre les individus et entre les groupes intéressés
- la prise de parole publique

Le Réseau ne prétend pas chapeauter ce qui se fait en matière de SV, ni par les individus, ni par les groupes. Il cherche au contraire à favoriser l'essor autonome de la SV dans tous les milieux et les secteurs tout en facilitant les convergences et les synergies entre les diverses expériences. En ce sens, il veut être une ressource disponible et utile pour tous ceux et celles qui s'intéressent à la SV ou qui la pratiquent.

Ses principaux outils sont actuellement :

- un site Internet développé et régulièrement mis à jour (depuis mai 2000) où on trouve :

  - ➤ trois sections principales (le Réseau, l'Agora, l'ABC)

  - ➤ des informations de base sur le RQSV, la SV, le bulletin *Simpli-Cité*

  - ➤ des nouvelles sur les activités des groupes locaux, régionaux et même parfois internationaux

  - ➤ une foule de textes et d'outils portant sur divers thèmes de la SV

  - ➤ un espace de discussion entre adeptes de la SV (membres ou non du RQSV)

- un bulletin, *Simpli-Cité*, publié pour l'instant trois fois par année (depuis juin 2000) :

  - ➤ gratuit pour les membres et disponible sur abonnement

  - ➤ dont les 14 premiers numéros se trouvent sur le site Internet du RQSV (mais dont les prochains numéros, à partir de l'été 2005, seront désormais réservés aux membres du Réseau et aux abonnés)

  - ➤ avec jusqu'ici plusieurs dossiers thématiques (commerce équitable, rompre l'isolement, conscience et changement intérieur, argent, Noël autrement, loisirs et vacances, transport, don et partage, alimentation)

- des outils de discussion sur Internet (depuis le tout début) :

➤ pour discuter avec d'autres adeptes de la SV sur le site même du RQSV (section Forum)

➤ un forum de discussion sur Yahoo, mis en place par le RQSV mais indépendant de celui-ci, où près de 10 000 messages ont été échangés en moins de cinq ans (toujours consultables sur le site http ://cf.groups.yahoo.com/group/simplicite-volontaire/message/)

• un colloque provincial annuel ouvert au grand public (habituellement au printemps depuis 2001)

➤ dont les comptes rendus ont été publiés soit dans le bulletin, soit en tirés à part

• une rencontre de formation ouverte aux membres intéressés au moins une fois par an (depuis 2001)

• l'assemblée générale annuelle des membres, jumelée soit avec le colloque annuel ou avec la rencontre de formation des membres (depuis 2003)

• un bon nombre de groupes locaux ou régionaux *autonomes* qui regroupent des adeptes de la SV et organisent diverses activités

• une permanence à temps partiel (et les références qu'on peut y trouver) (depuis juin 2001)

• des ressources et outils divers pour les membres ou les groupes locaux ou régionaux

• des conférenciers et conférencières disponibles pour parler de la SV ou donner une session de formation spécialisée

- une certaine présence dans les médias

- un réseau grandissant de contacts internationaux.

Adresse :   1710, rue Beaudry, local 3.3
            Montréal (Qc) H2L 3E7
            Tél. : (514) 937-3159
            rqsv@simplicitevolontaire.org
            www.simplicitevolontaire.org

Simplicité volontaire (en général)
Quelques livres (l'année entre parenthèses réfère à la première publication ou à l'original)

- Mongeau, Serge, *La simplicité volontaire... plus que jamais !*, Montréal, Écosociété, 1998 (1985), 264 p. Livre qui a déclenché le mouvement au Québec.

- Burch, Mark A., *La voie de la simplicité. Pour soi et la planète*, Montréal, Écosociété, 2003 (2000), 237 p. Principale contribution canadienne-anglaise.

- Pradervand, Pierre, *Découvrir les vraies richesses. Pistes pour vivre plus simplement*, Genève, Éd. Jouvence, 1996, 250 p. Beaucoup de faits et de chiffres intéressants.

  ➤ Pradervand, Pierre, *La vie simple, Guide pratique*, Genève, Éd. Jouvence, 1999, 90 p.

  ➤ Dumoulin, Robert, *Comment atteindre la simplicité volontaire. Une nouvelle façon de vivre sans artifices. Se recentrer sur les choses vraiment importantes*, Montréal, Édimag, 2003, 135 p. Approche populaire et gros bon sens.

➤ Samson, Guy, *Simplicité volontaire. Peut-on sauver la planète ?*, Montréal, Québécor, 2004, 150 p.

➤ Elgin, Duane, *Voluntary Simplicity. Toward a Way of Life that is Outwardly Simple, Inwardly Rich*, New York, Quill, 1993 (1981), 240 p. Le classique qui a relancé la SV en Amérique.

➤ Luhrs, Janet, *The Simple Living Guide : A Sourcebook for Less Stressful, More Joyful Living*, New York, Broadway Books, 1997, 444 p. Principal guide des ressources disponibles directement reliées à la SV.

➤ Andrews, Cecile, *Circle of Simplicity : Return to the Good Life*, New York, Harper Collins, 1997, 256 p. À l'origine de la pédagogie des cercles de simplicité.

➤ Segal, Jerome M., *Graceful Simplicity, The Philosophy and Politics of the Alternative American Dream*, Berkeley, University of California Press, 2003 (1999), 263 p. Réflexion de fond sur le courant SV.

➤ Shi, David E., *The Simple Life : Plain Living and High Thinking in American Culture*, Athens, University of Georgia Press, 2001 (1985), 332 p. Sur l'histoire américaine de la vie simple depuis les origines.

➤ Schumacher, Ernst F., *Small is beautiful. Une société à la mesure de l'homme*, Paris, Seuil, 1979 (1973), 316 p. Un classique précurseur de la SV.

➤ Fromm, Erich, *Avoir ou être*, Paris, Laffont, 1978 (1976), 243 p. Un autre classique précurseur.

➤ Thoreau, Henry David, *Walden ou la vie dans les bois*, traduction par Jeanne-Chantal et Thierry Fournier,

Lausanne, Éd. L'Âge d'Homme, 1985 (1854). Ouvrage de base d'un grand philosophe et praticien de la SV, un siècle avant l'invention de l'expression « simplicité volontaire ».

➤ Rahnema, Majid, *Quand la misère chasse la pauvreté*, Paris, Fayard/Actes Sud, 2003, 325 p. Pour une perspective du Sud sur la SV.

Témoignages et expériences personnelles

• Pierce, Linda Breen, *Choosing Simplicity : Real People Finding Peace and Fulfilment in a Complex World*, USA, Gallagher Press, 2000.

➤ Blix, Jacqueline et David Heitmiller, *Getting a Life : Strategies for Simple Living Based on the Revolutionary Program for Financial Freedom from Your Money or Your Life*, New York, Viking Penguin, 1999 (1997).

➤ Levering, Frank et Wanda Urbanska, *Simple Living : One Couple's Search for a Better Life*, New York, Viking Penguin, 1992.

➤ Nearing, Scott et Helen, *The Good Life : Helen and Scott Nearing's Sixty Years of Self-Sufficient Living*, New York, Schocken Books, réimprimé en 1990.

Quelques groupes et sites Internet

• *Groupe de simplicité volontaire de Québec* (GSVQ), responsable : Pascal Grenier, 10, rue St-Yves, Beauport, G1E 4N9 ; tél. : (418) 660-3550 ; responsable@gsvq.org; www.gsvq.org. Principal et plus ancien groupe régional se consacrant à promouvoir la SV.

- www.digicom.qc.ca/~fprive/: site mis sur pied par François Privé, membre fondateur du RQSV, et probablement le premier site sur la SV en français sur le net.

- *Simplicity Forum*, alliance de leaders de la SV, principalement des USA, fondée en 2001 ; www.simpleliving.net/simplicityforum/.

- *The Simple Living Network*, l'un des principaux portails sur le mouvement de la SV aux USA ; www.simpleliving.net.

- *Montreal Simple Living*, probablement le premier groupe anglophone du Québec ; http ://pages.videotron.com/msl/.

Quelques ressources vidéo
- *Simple Living with Wanda Urbanska* (en anglais américain) : huit émissions de 30 minutes (pour le moment), divisées chacune en trois segments thématiques, qui permettent d'aborder une foule d'aspects concrets de la SV dans la vie quotidienne ; série diffusée à PBS ; excellent pour amorcer des discussions ; www.simplelivingtv.net.

- Nombreuses émissions de télévision, entrevues ou conférences portant sur la SV au Québec (dont certaines sont disponibles au RQSV).

Alternatives (en général)
Nous avons regroupé ici quelques ressources qui ont pour point commun de toucher chacune un grand nombre de

domaines où s'expérimentent de nouvelles façons de vivre ou de penser. C'est la raison pour laquelle il était difficile de les placer sous un thème en particulier.

- Brière, Olivier, *L'Arborescence. Guide des alternatives*, Nicolet, Éditions Spontanées, 2004, 220 p. Environ 800 groupes ou sites qui favorisent des alternatives, regroupés sous vingt-trois thématiques. Pour l'instant, l'une des principales mines de renseignements sur les alternatives au Québec. www.lanebuleuse.com/arborescence. En lien avec la revue alternative bimestrielle *Aube* et le groupe *La plume de feu* (www.laplumedefeu.com).

- Jones, Ellis, Ross Haenfler, Brett Johnson et Brian Klocke, *The Better World Handbook. From Good Intentions to Everyday Actions*, Gabriola Island, BC, New Society Publishers, 2001, 292 p. Absolument remarquable. L'outil le plus utile pour ceux et celles qui veulent changer des choses, dans tous les domaines de la SV : on y trouve des ressources précises et une foule de suggestions concrètes sur presque tous les thèmes abordés ci-dessous. Leur site Internet fournit également beaucoup d'informations mises à jour, y compris en matière d'évaluation éthique des divers fournisseurs commerciaux. www.betterworldhandbook.com. Son seul inconvénient est d'être d'origine américaine et en anglais, mais il contient aussi des références canadiennes.

- **Pour tous les aspects de la consommation alternative**, voir **Consommation**.

➤ *Guide Ressources*, www.guideressources.com. Magazine mensuel alternatif québécois publié depuis 1984.

➤ Ray, Paul H. et Sherry Ruth Anderson, *L'émergence des créatifs culturels. Enquête sur les acteurs d'un changement de société*, Éditions Yves Michel, 2001 (2000), 512 p.

➤ Équipe du magazine *Nouvelles Clés*, *Le livre de l'essentiel. Plus de 1000 idées pour vivre autrement*, Paris, Albin Michel, 1995, 248 p. Textes, images et références, surtout européennes, sur tous les aspects de la vie, de la naissance à la mort.

➤ *Nouvelles clés*, www.nouvellescles.com. Basés en France, un site, une revue, des livres, un club : autant de moyens de diffuser des alternatives.

➤ *Grain Vert*, le Guide des changements de mode de vie et des alternatives en France : www.grainvert.com.

➤ Site Internet de l'émission de Jacques Languirand, *Par quatre chemins* : www.radio-canada.ca/par4/index. html. Les archives de 1998 à 2001 sont toujours disponibles et contiennent des ressources sur une foule de sujets.

➤ Répertoire des mouvements sociaux, www.social-movements.org. Projet du Forum mondial des alternatives, vise à faire connaître les nouveaux acteurs de la société mondiale.

➤ Encyclopédie Wikipédia, http ://fr.wikipedia.org. Encyclopédie libre, gratuite et écrite coopérativement dans plusieurs langues : l'un des fruits alternatifs d'Internet.

➤ Centre des médias indépendants de Montréal, http://montreal.indymedia.org. Collectif communautaire soutenant une couverture médiatique indépendante de l'actualité.

➤ UnSeulMonde Canada, http://fr.ca.oneworld.net. Fournit des nouvelles et points de vue provenant des mouvements associatifs, québécois, canadiens et même d'ailleurs.

➤ Znet, www.zmag.org/weluser.htm. Immense site d'actualité alternatif et radical, basé aux USA.

➤ Dossier du *Courrier international* n° 500 (31 mai au 7 juin 2000), qui portait sur « Ceux qui font bouger le monde ». Des témoignages percutants dans tous les domaines, des quatre coins de la planète.

Alimentation

Il n'y a pas qu'*une* seule façon de manger qui soit synonyme de SV. Certains adeptes sont végétariens et d'autres, carnivores. Certains ne mangent que bio alors que d'autres se préoccupent surtout du dossier des OGM. Mais ce qui caractérise la plupart des adeptes de la SV, c'est le souci d'une alimentation de *qualité*, de *modération* et de *justice*.

Alimentation de qualité ? Cela touche le caractère plus ou moins naturel et biologique ou industriel et transformé de la nourriture. Cela touche aussi le caractère plus ou moins « santé » de l'alimentation (menus, combinaisons alimentaires). Alimentation de modération ? Cela concerne essentiellement le rapport à la nourriture, la quantité d'aliments consommés et le choix que l'on peut schématiser ainsi : « manger pour vivre » ou « vivre pour manger ».

Alimentation de justice ? Cela touche aux dimensions écologiques et éthiques de la nourriture et mène à favoriser les produits de commerce équitable, à diminuer la consommation de viande au profit des légumineuses, etc.

- Waridel, Laure, *L'envers de l'assiette. Et quelques idées pour la remettre à l'endroit*, Montréal, Écosociété, 2003 (1998), 175 p. Un outil québécois tout à fait précieux et pédagogique pour découvrir les multiples dimensions de l'alimentation.

- Norberg-Hodge, Helena, Todd Merrifield et Steven Gorelick, *Manger local : un choix écologique et économique*, Montréal, Écosociété, 2005 (2002), 200 p.

  ➤ *Justice sans faim, Le guide montréalais des choix alimentaires écologiques et socialement responsables*, Groupe de recherche d'intérêt public (GRIP) Québec, Université de Montréal, 1994, 150 p.

  ➤ De Rosnay, Stella et Joël, *La mal bouffe. Comment se nourrir pour mieux vivre*, Paris, Olivier Orban, 1979, 157 p. Un livre précurseur, à tous les points de vue.

  ➤ Lappé, Frances Moore et Anna, *Hope's Edge : The Next Diet for a Small Planet*, New York, J.P. Tarcher, 2002.

  ➤ Robbins, John, *Se nourrir sans faire souffrir : la planète, le tiers-monde, les animaux et nous*, Montréal, Stanké, 2001 (1998), 469 p.

  ➤ Robbins, John, *The Food Revolution : How Your Diet Can Help Save Your Life and Our World*, Berkeley, Conari Press, 2001.

- **Pour les cuisines collectives,** voir le *Regroupement des cuisines collectives du Québec* (RCCQ), 1605, rue de Champlain, Montréal, H2L 2S5 ; tél. : (514) 529-3448 ; courriel : info@rccq.org; www.rccq.org/fr/index.html.

- **Pour s'approvisionner en aliments naturels,** voir la *Coopérative d'Alentour* qui se spécialise dans l'approvisionnement de groupes d'achat à travers le Québec : 4740, boul. Industriel, Sherbrooke, J1L 3A3 ; tél. : 1-866-562-3443 ; courriel : coop.alentour@qc.aira.com; www.alentour.qc.ca.

- **Pour une meilleure alimentation,** consulter l'Association Manger Santé Bio, tél. : (514) 332-1005 ou 1-866-336-1005 ; courriel : ass@mangersantebio.org; www.mangersantebio.org.

- **Pour acheter directement des producteurs agricoles,** voir le programme *Agriculture soutenue par la communauté* (ASC) de l'organisme Équiterre (sous le thème **Environnement**) : www.equiterre.org/agriculture/index.html.

- **Pour la possibilité de faire soi-même son jardin en ville,** vérifier l'existence de *jardins communautaires* qui ont été mis en place dans la plupart des municipalités.

  ➤ Pour une expérience de jardins collectifs multiforme dans le quartier Notre-Dame-de-Grâces, voir *Action communiterre*, 2100, rue Marlowe, local 142, Montréal, H4A 3L5 ; tél. : (514) 844-0223 ; courriel : ecoini@cam.org; www.eco-initiatives.qc.ca.

- **Pour une expérience intégrée d'alimentation communautaire**, l'une des plus importantes en Amérique du Nord, qui existe depuis plus de 20 ans à Toronto, voir *FoodShare* et ses nombreux programmes à www.foodshare.net.

- **Pour la question particulière des OGM**, voir la section OGM du site Internet de Greenpeace, www.greenpeace.ca/guideogm/index.php, et son *Guide des produits avec ou sans OGM... pour le droit de savoir*; tél. : 1-800-320-7183. Voir aussi *Graines suspectes. Les aliments transgéniques : une menace pour les moins nantis* de Robert Ali Brac de la Perrière et Frank Seuret, Montréal, Écosociété, collection « Enjeux Planète », 2002, 220 p. et *Les aliments trafiqués* de Brewster Kneen, Montréal, Écosociété, 2000, 252 p.

- **Pour une redécouverte de la dimension conviviale de l'alimentation**, voir le mouvement *SlowFood* fondé en Italie en 1986 et maintenant présent dans 45 pays : C.P. 41002, Succursale Centre Duvernay, Laval, H7E 5H1 ; tél. : (450) 967-5148 ; courriel : info@slowfoodquebec.com; www.slowfoodquebec.com.

- **Pour l'achat de produits d'alimentation équitables**, voir Commerce équitable.

Argent, finances personnelles et économie

Répétons encore une fois que la SV n'est pas d'abord un moyen de vivre « à moins cher ». Il existe bien sûr toute une série d'outils destinés à vous faire économiser. Mais nous privilégions ici les ressources qui permettent une réflexion, une cohérence avec les valeurs de la SV et une plus grande liberté face à ce serviteur que devrait être l'argent. Car comme le dit l'adage, « l'argent est un bon serviteur mais un mauvais maître ».

- Dominguez, Joe et Vicki Robin, *Votre vie ou votre argent ?*, Montréal, Éd. Logiques, 1997 (1992), 463 p. Probablement le meilleur outil disponible pour redéfinir son rapport à l'argent en fonction de ses propres priorités. Simple, concret et pédagogique, en neuf étapes qu'on peut facilement suivre seul ou avec d'autres ; www.simpleliving.net/ymoyl/.

- Pradervand, Pierre, *Gérer mon argent dans la liberté*, Genève, Éd. Jouvence, 2004, 95 p. Quantité étonnante d'informations stimulantes rassemblées en un aussi court guide pratique.

- Blondin, Denis, *La mort de l'argent. Essai d'anthropologie naïve*, Montréal, Éd. de la Pleine Lune, 2003, 304 p. Analyse plus fondamentale sur la fonction de l'argent dans la société. À lire absolument pour remettre en question nos fausses certitudes à partir d'une approche anthropologique qui fait voir le monde à partir du point de vue de l'Autre.

  ➤ Pollan, Stephen M. et Mark Levine, *Dépensez tout, vivez heureux, N'attendez pas d'être mort pour profiter de la vie*, Paris, Le cherche midi éditeur, 1999 (1997), 178 p. Provocant à la manière américaine, le livre de ce conseiller financier réputé a le mérite de bousculer les idées reçues.

  ➤ *The New Road Map Foundation*, site anglophone du groupe mis sur pied par Joe Dominguez et Vicki

Robin à la suite de l'immense succès du livre et des ateliers *Votre vie ou votre argent*; www.newroadmap. org. Offre de nombreuses ressources liées à la méthode du livre, au travail de la Fondation et aux implications de Vicki Robin pour la SV.

➤ *Groupe d'économie solidaire du Québec* (GESQ), www.uqo.ca/ries2001. Ce site s'intéresse à une foule d'expériences novatrices en économie sociale et solidaire, tant ici qu'à l'étranger. Consultez spécialement la rubrique « expériences » des diverses sections.

- **Sur les questions d'endettement et de budget,** voir les *Associations coopératives d'économie familiale* (ACEF) et autres groupes semblables comme *Option consommateurs*, ou les regroupements comme l'*Union des consommateurs* ou la *Coalition des associations de consommateurs du Québec*. On retrouve l'ensemble de ces groupes dans le *Réseau de protection du consommateur* (RPC) sur le site unique www.consommateur.qc.ca.

- **Pour une façon plus progressiste d'envisager la banque et le système financier,** voir la *Caisse d'économie solidaire* (autrefois la Caisse d'économie Desjardins des travailleuses et travailleurs de Québec), www.cecosol.com. Cette caisse a une longue histoire d'implication sociale et offre maintenant ses services à Québec, à Montréal et à Joliette (en plus d'être accessible de partout par le système inter-caisses de Desjardins).

- **Parmi les nombreux membres du Réseau québécois du crédit communautaire,** soulignons le rôle pionnier de l'*Association communautaire d'emprunt de Montréal* (ACEM) qui est née en 1987, dans le but de mettre une épargne solidaire à la disposition de petites entreprises qui n'auraient normalement pas accès au crédit dans les institutions financières ordinaires. Voir son site à <u>www.acemcreditcommunautaire.qc.ca/f_home.htm</u>.

- **Pour les différentes expériences de monnaies locales ou alternatives,** voir le *Toronto Dollar Community Project* (<u>www.torontodollar.com</u>), le *Ithaca Hours* (probablement l'expérience la plus poussée aux USA : <u>www.ithacahours.com</u>) et le film documentaire d'Isaac Isitan, *L'argent* (2003, 67 minutes, Les productions ISCA, 6103, rue Jeanne-Mance, Montréal, H2V 4K9 ; tél. : (514) 273-9795 ; courriel : <u>isca@videotron.ca</u>).

- **Pour une approche éthique des investissements,** voir **<u>Commerce équitable</u>**.

- **Pour les Services d'échanges locaux (SEL) ou autres expériences de troc,** voir **<u>Communauté</u>**.

- **Pour les notions de décroissance économique,** voir **<u>Environnement</u>**.

Commerce équitable

Découvert ici d'abord à partir de l'alimentation, et en particulier du café, le commerce équitable s'étend en Europe à une gamme de produits beaucoup plus vaste : vêtements, tapis, artisanat, etc. Il vise à mieux rémunérer les producteurs en diminuant les intermédiaires, mais aussi à s'assurer que les conditions de travail de ces producteurs soient aussi justes que possible (éliminer le travail des enfants, conditions de travail satisfaisantes, respect des droits des travailleurs, etc.). D'ailleurs, la dimension *éthique* de la vie économique prend de plus en plus d'importance (voir aussi **Argent, finances personnelles et économie** et **Consommation**) dans toutes sortes de domaines : placements financiers, tourisme, responsabilité sociale des entreprises, etc.

- Waridel, Laure, *Acheter, c'est voter. Le cas du café équitable*, Montréal, Écosociété, 2005 (1997). Un petit livre dont la première édition a contribué à lancer le commerce équitable du café au Québec.

- Roozen, Nico et Frans Van der Hoff, *L'aventure du commerce équitable*, Paris, Jean-Claude Lattès, 2002, 285 p. Ouvrage rédigé par les fondateurs du groupe *Max Havelaar*, l'initiateur du commerce équitable en Europe, qui raconte l'histoire toute récente d'un tel commerce (elle date à peine de 1986) et en montre les vrais enjeux.

- **Pour des organismes faisant la promotion du commerce équitable**, voir *Commerce équitable Oxfam-Québec*, 2340, rue Notre-Dame Ouest, Montréal, H3J 2Y2 ; tél. : 1-877-925-6001 ; courriel : info@produitsdumonde.com; www.oxfam.qc.ca/html/campagnes/3commerce.html. Voir aussi *Équiterre* (sous le thème **Environnement**).

- **Pour un magasin d'artisanat équitable**, voir *Dix mille villages*, présents un peu partout en Amérique du Nord (www.villages.ca). Pour l'instant, deux magasins au Québec, à Montréal et à Pointe-Claire

(4282, rue St-Denis, Montréal; tél. : (514) 848-0538; courriel : montreal.stdenis@villages.ca; et 290, chemin Bord-du-Lac, Pointe-Claire; tél. : (514) 428-0450; courriel : pointeclaire@villages.ca).

- Pour une boutique de commerce équitable à **Québec,** voir *ÉquiMonde* 365, boul. Charest Est, Québec, G1K 3H3; tél. : (418) 647-5853; courriel : info@carrefour-tiers-monde.org; www.autrejardin.com/1f/equimonde_f.html.

- **Au Canada,** voir aussi des organismes comme *Fair Fruit* de Vancouver (www.web.net/fairfruit), *La Siembra Co-operative* d'Ottawa (www.lasiembra.com) et l'organisme de certification « équitable », *TransFair Canada*, 323, rue Chapel, 2e étage, Ottawa, K1N 7Z2; tél. : 1-888-663-FAIR; courriel : fairtrade@transfair.ca; www.transfair.ca.

- **Pour le commerce équitable des fleurs,** plus récent, voir www.sierraeco.com/ en Amérique, www.auchoeurdesfleurs.com/ à Montréal et www.maxhavelaar.ch/filemanager/publikationen/mh_express_20 01_04_fr.pdf pour l' Europe.

- **Pour le commerce équitable des vêtements et des chaussures,** voir la *Campagne Clean Clothes* à www.cleanclothes.ch/f.

- **Sur le commerce équitable en Europe** (en français), voir entre autres www.maxhavelaarfrance.org.

- **Pour l'édition équitable de livres,** voir l'expérience récente de la collection « Enjeux Planète » éditée conjointement par une douzaine d'éditeurs francophones et indépendants principalement d'Europe et d'Afrique, expérience à laquelle les Éditions Écosociété participent pour le Canada.

- **Pour le tourisme équitable,** voir entre autres la *Société* (québécoise) *pour un tourisme durable et responsable* (SOTDER) à www.sotder.org, *Ecotourismwatch* à www.ecotourismwatch.org et *The International Ecotourism Society* à www. ecotourism.org.

- **Pour les investissements éthiques ou responsables,** voir entre autres le *Groupe Investissement Responsable* (GIR), 615, boul. René-Lévesque Ouest, bureau 1120, Montréal, H3B 1P5 ; tél. : (514) 879-1702 ; courriel : info@investissementresponsable.com ; www.investissementresponsable.com.

- Voir aussi la *Chaire Économie et Humanisme de l'UQAM* (www.ceh.uqam.ca), la *Citizens Bank* de Vancouver (www.citizensbank.ca) et le *Social Investment Organization* de Toronto (www.socialinvestment.ca).

- **Pour la responsabilité sociale des entreprises,** voir entre autres le *Regroupement pour la responsabilité sociale des entreprises* (RRSE), 15, rue De Castelneau Ouest, Montréal, H2R 2W3 ; tél. : (514) 722-1414 (www.rrse.org) et le *Shareholder Action Network* (www.shareholderaction.org).

- **Pour les guides d'achats en fonction de critères éthiques,** voir **Consommation.**

Communauté

L'aspect communautaire de la SV peut toucher une foule de domaines : partage ou échanges de biens et services, groupes de soutien mutuel, « communautés intention-nelles », biens et services collectifs. Il s'agit à la fois de se faciliter la vie par l'entraide et de retisser des liens sociaux qui donnent vie à la communauté. Les ressources en ce domaine sont innombrables. En voici quelques-unes regroupées par thématiques.

- Nozick, Marcia, *Entre nous. Rebâtir nos commu-nautés*, Montréal, Écosociété, 1995, 264 p. Un outil examinant les divers aspects permettant à une communauté de se reprendre en main.

- Gershon, David et Robert Gilman, *Household Eco-Team Workbook*, Global Action Plan, 84 Yerry Hill Road, Woodstock, N.Y. 12498 : un plan sur six mois permettant à de petites équipes d'amis ou de voisins de s'impliquer ensemble en matière environnementale.

- **Sur les communautés intentionnelles ou les éco-villages,** on pourra consulter *Communities Direc-tory : A Guide to Intentional Communities and Cooperative Living*, publié par le Intentional Com-munities Website (www.ic.org).

- On pourra aussi voir le *Réseau des écohameaux et écovillages du Québec* (REEQ) à www.eco-village.net, le *Réseau des écovillages du Canada* (ENC) à www.enc.ecovillage.org, le *Réseau français des écovillages* à www.rama.1901.org/ev et le *Global Ecovillage Network* à www.ecovillage.org. On pourra également consulter *The International Communes Desk* à www.communa.org.il.

➤ On pourra aussi lire *Ecovillage Living : Restoring the Earth and Her People*, publié en 2002 par Hildur Jackson et Karen Svensson, England, Green Books, 181 p.

- **Sur les Systèmes d'échanges locaux (SEL) ou les Local Employment and Trading Systems (LETS),** ces mécanismes de troc favorisant une forme de commerce parallèle et sans argent, on pourra d'abord consulter la liste des milliers de groupes à travers le monde à : www.cyberclass.net/turmel/ urlsnat.htm.

➤ Un bon nombre d'entre eux existent un peu partout **au Québec:** on en trouvera une liste dans le guide des alternatives *L'Arborescence*, p. 108-111 (voir **Alternatives**).

➤ Pour un bon site Internet traitant de ces questions en français, voir *SEL Terre LETS Planet*, http ://asso. francenet.fr/sel/.

- **Pour une façon plus communautaire de vivre en ville,** voir diverses ressources comme *Vivre en ville* (www.vivreenville.org), le *Réseau québécois villes et villages en santé* (www.rqvvs.qc.ca), le site www. collectivitesviables.com, le *Festival perpétuel de réanimation d'espaces résidentiels* (www. unfestival. org), les *Chantiers jeunesse* (www.cj. qc.ca), etc.

- **Pour la disponibilité de moyens collectifs plus économiques** de satisfaire aux besoins individuels, voir **Loisirs, éducation, culture, vacances, Logement, Vêtements** et **Transport.**

Consommation

La SV n'est pas anti-consommation. Elle favorise plutôt une consommation *responsable*, qui soit au service des personnes, de la vie et du bonheur collectif. Elle combat la consommation qui privilégie le profit économique, l'exacerbation des désirs et des frustrations, de même que la dépendance au magasinage et à l'argent. Il ne s'agit pas seulement de consommer mieux individuellement (être des « consommateurs avertis ») mais aussi de consommer moins collectivement (dans les pays du Nord, afin de mieux partager les ressources de la planète avec l'ensemble des humains). Là aussi, les ressources sont innombrables. En voici une sélection.

- De Graaf, John, David Wann et Thomas H. Naylor, *J'achète ! Combattre l'épidémie de surconsommation*, Montréal, Fides, 2004, 358 p. (Traduction de *Affluenza : The All-Consuming Epidemic*, 2001.)

- Durning, Alan T., *How Much is Enough ? The Consumer Society and the Future of the Earth*, New York, Worldwatch Institute/Norton, 1992, 200 p.

- Mestiri, Ezzedine, *Le nouveau consommateur. Dimensions éthiques et enjeux planétaires*, Paris, L'Harmattan, 2003, 219 p.

  ➤ Blind, René et Michael Pool, *Du trop avoir au mieux-être. Vivre mieux avec moins*, Genève, Éd. Jouvence, 2001, 223 p.

  ➤ Collectif, *State of the World 2004. The Consumer Society*, New York, Worldwatch Institute/Norton, 245 p.

➤ Schor, Juliet B., *The Overspent American : Why We Want What We Don't Need*, New York, Harper Collins, 1999.

➤ Schor, Juliet B., *Born to Buy, The Commercialized Child and the New Consumer Culture*, USA, Scribner, 2004, 288 p.

➤ Callenbach, Ernest, *Living Cheaply With Style : Live Better and Spend Less*, Berkeley, Ronin Publishing, 1993.

• **Pour des trucs sur comment économiser,** voir Option Consommateurs, *Faites plus avec moins. 101 trucs pour équilibrer votre budget,* Montréal, Trécarré, 2001, 141 p. ; France Paradis, *Le petit Paradis. Tout ce que vous devez savoir pour vivre bien avec presque rien,* Montréal, Éd. de l'Homme, 1995, 199 p. ; Sandra Philips, *Le consommateur averti Montréal,* publié aux deux ans (www.smartshopping.net) ; et Amy Dacyczn, *The Complete Tightwad Gazette : Promoting Thrift as a Viable Alternative Lifestyle,* New York, Random House, 1999.

• **Pour une mobilisation internationale contre les excès de la consommation,** voir la *Journée sans achats* (Buy Nothing Day), célébrée chaque année à la fin novembre depuis 1992 et lancée par la Fondation canadienne *Adbusters Media* de Vancouver (http://adbusters.org). Pour plus d'informations sur la Journée sans achats, www.ecoplan.org/ibnd/ib_index.htm.

• Pour un important groupe américain qui cherche à mobiliser autour des alternatives concrètes à la surconsommation, voir *Center for a New American Dream* (www.newdream.org).

- **Pour des ressources vidéo en anglais** sur le phéno-mène, voir *Affluenza* et sa suite, *Escape From Affluenza*, deux documentaires d'une heure produits en 1997 et 1998 par John De Graaf pour le réseau américain PBS (www.pbs.org/kcts/affluenza/ escape/).

- **Pour des guides d'achats en fonction de critères éthiques**, voir *Ethical Consumer* (www.ethical consumer.org) qui fournit aussi une foule de liens intéressants, et *Shopping with a Conscience*, l'un des nombreux guides publiés par EthicScan Canada (www.ethicscan.ca). Voir aussi **Alternatives**.

- **Pour deux excellents outils québécois sur plusieurs aspects de la consommation responsable**, voir *Le pouvoir de nos choix. Guide du consommateur responsable*, collection Protégez-Vous, en collabo-ration avec Équiterre, hors série, 2004, 64 p ; et *Le pouvoir des consommateurs. Mondialisation et développement humain*, cahier spécial de 32 pages inséré dans le numéro de décembre 2000 de la revue *Protégez-Vous*.

Encombrement

Les journées et les semaines n'allongent pas avec le « pro-grès » : nous n'avons toujours que 7 journées de 24 heures chaque semaine ! Pourtant, ce que nous essayons d'y faire entrer par tous les moyens ne cesse d'augmenter chaque jour. Plus d'informations, plus de travail ou de loisirs, plus de possibilités et de désirs, plus de biens matériels ou culturels, plus de distances parcourues ou de connaissances acquises. Pas étonnant qu'il y ait rapidement embouteillage !

On pense spontanément à l'encombrement physique : nos maisons, appartements ou bureaux qui sont surchargés d'objets, de papiers, de souvenirs, d'appareils électroniques ou ménagers, ou tout simplement de bricoles et gadgets. Mais l'encombrement mental n'est pas moins redoutable : trop de lectures, de télévision, de spectacles culturels, de sessions ou d'idées. Comment y trouver l'*espace* matériel ou psychologique nécessaire au recul, à la réflexion et à la liberté ?

- Burch, Mark A., *Conseils pratiques sur le désencombrement*, version française de *Dejunking*, disponible au RQSV (1997).

  - Ryan, John C. et Alan Durning, *Stuff : The Secret Lives of Everyday Things*, Seattle, Northwest Environment Watch, 1997.

  - Worldwatch Institute, *Good Stuff ? A Behind-the-Scenes Guide to the Things We Buy*, document qu'on peut consulter sur Internet à www.worldwatch.org/pubs/goodstuff/.

Environnement

À lui seul, ce thème remplirait bien des livres. Les multiples aspects écologiques de la SV touchent littéralement tous les domaines : pollution et gaspillage, surconsommation et recyclage, croissance ou décroissance durables, etc. Les groupes, publications et outils qui s'y intéressent sont en croissance exponentielle. Vous n'en trouverez ici que quelques-uns, particulièrement pratiques, concrets et utilisables au quotidien.

- Le groupe *Équiterre*, fondé à Montréal en 1993, est rapidement devenu un incontournable en matière d'environnement. Il est engagé dans plusieurs dossiers qui ont des rapports avec la SV : agriculture, transport, efficacité énergétique et commerce équitable. L'organisme est axé sur l'action et les solutions concrètes. Son slogan : « Changer le monde, un geste à la fois ». Équiterre, 2177, rue Masson, bureau 317, Montréal, H2H 1B1 ; tél. : (514) 522-2000 ; courriel : info@equiterre.org; www.equiterre.org.

- Collectif, *Le petit futé bio et nature de Montréal. Les bonnes adresses pour consommer bio, économiser l'énergie, s'impliquer en environnement, des loisirs nature*, Montréal, Éd. Néopol, 2001, 160 p.

- Pour une foule de gestes concrets et quotidiens qui peuvent faire une grande différence en matière d'environnement, voir Dominique Glocheux, *Sauvez cette planète ! Mode d'emploi pour agir : 512 gestes simples et attitudes douces*, Paris, Jean-Claude Lattès/Glocheux, 2004, 283 p.

- **Pour le concept important d'empreinte écologique,** voir Mathis Wackernagel et William Rees, *Notre empreinte écologique*, Montréal, Écosociété, 1999, 209 p.

- Pour son application concrète aux situations de la vie quotidienne, voir Gaëlle Bouttier-Guérive et Thierry Thouvenot, *Planète attitude. Les gestes écologiques au quotidien*, Paris, Seuil Pratique/WWF, 2004, 140 p. (www.wwf.fr).

- Pour la SV vécue dans cette optique, voir Jim Merkel, *Radical Simplicity. Small Footprints on a*

Finite Earth, Gabriola Island, BC, New Society Publishers, 2003, 249 p.

- Pour des outils de mesure de l'empreinte écologique, mais aussi d'autres indicateurs novateurs permettant de mieux mesurer l'impact économique de nos choix, voir la coalition *Redefining Progress* (www.redefiningprogress.org).

- **Pour la remise en question du mythe de la croissance illimitée,** voir l'ouvrage collectif *Objectif décroissance. Vers une société viable,* Montréal, Écosociété, 2003, 262 p. Voir aussi la revue mensuelle française *Silence* (www.revuesilence.net).

- **Pour une réflexion écologique sur l'économie,** voir Paul Hawken, *L'écologie de marché, ou l'économie quand tout le monde gagne,* Barret-le-Bas, Le Souffle d'Or, 1996; voir aussi Lester R. Brown, *Éco-économie. Une autre croissance est possible, écologique et durable!,* Paris, Seuil, 2003; Herman E. Daly et John B. Cobb Jr, *For the Common Good : Redirecting the Economy Toward Community, the Environment and a Sustainable Future,* Boston, Beacon Press, 1989.

- **Pour une réflexion sur les défis les plus urgents,** voir Laurent de Bartillat et Simon Retallack, *STOP,* Paris, Seuil, 2003, 453 p., une somme remarquable des problèmes, des solutions et des gestes concrets à poser, en mots et en images; voir aussi Lester B. Brown (fondateur du Worldwatch Institute et du Earth Policy Institute), *Plan B : Rescuing a Planet under Stress and a Civilization in Trouble,* New York, Norton Books, 2003, 285 p.

- **Pour le pouvoir que nous avons de changer les choses,** voir Frances Moore Lappe, *The Quickening of America : Rebuilding Our Nation, Remaking Our Lives*, Jossey-Bass Publishers, 1994, 368p ; voir aussi Wanda Urbanska et Frank Levering, *Nothing's Too Small to Make a Difference*, John F. Blair Publisher, 2004, 179 p.

- **Pour les questions de recyclage, de réemploi et de récupération,** le Québec dispose d'une foule de ressources allant de *Recyc-Québec* (www.recyc-quebec.gouv.qc.ca) aux *Éco-centres* de certaines municipalités, en passant par le *Réseau des ressourceries du Québec* (www.reseauressourceries.org), le *Guide du réemploi* de Montréal (www.ville.montreal.qc.ca/reemploi), etc.

- Pour un **outil vidéo** remarquable sur la question, voir *Les artisans du rebut global*, 13 émissions d'une demi-heure portant sur la construction d'une maison complète par cinq artisans avec un budget global de 15 000 $ grâce à la réutilisation de matériaux récupérés, et fournissant aussi une foule d'exemples très divers des possibilités de la récupération dans tous les domaines (une production Blue Storm Télé présentée à Télé-Québec à l'automne 2004). Voir aussi toutes les bonnes adresses qui ont servi au projet à www.archibio.qc.ca/doc_travail/quoideneuf.html.

- *Cul de sac ?* Vidéo de 30 minutes réalisée par Caroline Mailloux et Frédéric Leblanc, Acef de l'Est de Montréal et Option consommateurs, 2004, tél. : (514) 257-6622 ou acefest@consommateur.qc.ca.

- **En matière d'environnement**, on ne compte plus les organismes. Mentionnons entre autres *Greenpeace* (www.greenpeace.ca), la *Fondation David Suzuki* (www.davidsusuki.org), les écoles des *Établissements Verts Brundtland* (www.csq.qc.net/section6/default6.html), les AmiEs de la Terre de Québec (www.atquebec.org), le portail Internet *Permacultivons!* (http://permaculture.ouvaton.org), les regroupements comme le *Réseau québécois des groupes écologistes* (www.rqge.qc.ca) ou l'*Union québécoise pour la conservation de la nature* (http://uqcn.qc.ca), des associations spécialisées comme l'*Ecological Design Institute* (www.eco design.org), des organismes de jeunes comme *ENvironnement JEUnesse* (ENJEU) à www.enjeu.qc.ca, ou un site Internet polyvalent comme l'*Éco-Route de l'information* (http://ecoroute.uqcn.qc.ca).

Famille et couple

On nous demande très souvent comment peut se vivre la SV en couple ou en famille. Il est vrai que les conjoints n'ont pas toujours la même préoccupation à ce sujet et que la façon d'élever les enfants peut souvent être l'objet de tensions, particulièrement quant aux valeurs que l'on veut leur transmettre. Est-il donc possible de vivre la SV ensemble dans la famille? La SV étant essentiellement une question d'attitudes et de valeurs, elle s'intéresse forcément aussi à celles qui touchent la vie à deux ou à plusieurs. Par exemple, voit-on les parents surtout comme des pourvoyeurs matériels pour les enfants? La vie familiale est-elle importante pour elle-même? Quel temps, en quantité et en qualité, passe-t-on ensemble?

- Parmi les sites Internet destinés à la famille, signalons *Coup de pouce enfants Ressources* auquel le RQSV fournit maintenant une chronique mensuelle portant spécifiquement sur la SV (www.cpe-ressources.com).

- Voir aussi le magazine *Enfants Québec* et son site Internet www.enfantsquebec.com.

  ➤ Dungan, Nathan, *Prodigal Sons & Material Girls, How Not to Be Your Child's ATM*, Hoboken, John Wiley & Sons, 2003, 250 p.

  ➤ Sherlock, Marie, *Living Simply with Children : A Voluntary Simplicity Guide for Moms, Dads and Kids Who Want to Reclaim the Bliss of Chilhood and the Joy of Parenting*, New York, Three Rivers Press, 2003.

  ➤ Taylor, Betsy, *What Kids Really Want That Money Can't Buy*, New York, Warner Books, 2003.

  ➤ St-James, Elaine, *La vie simple : mode d'emploi, spécial mère de famille*, Paris, Éd. First, 1998.

Fêtes et cadeaux

Derrière ce sujet particulièrement populaire dans le temps de Noël, c'est toute la question de ce qui sous-tend nos rapports sociaux qui se pose. Quelle part fait-on à l'authenticité, à la spontanéité, ou encore à l'obligation ? Quelle place laisse-t-on à la marchandisation des sentiments, à la récupération commerciale des rituels ? Quelle est la part de notre perméabilité à la publicité et celle de notre liberté créatrice ? Et quelle devrait être la juste place de l'argent dans ces rapports humains et sociaux ?

- *Simplifiez le temps des Fêtes*, document du Center for a New American Dream, traduit et adapté par Viviane Blais et disponible au RQSV.

- *Noël autrement*, le dossier du bulletin *Simpli-Cité* du RQSV, vol. 4, n° 3, hiver 2004.

- Paradis, France, *Fêtes et rituels.Célébrer les passages de la vie*, Montréal, Éditions Enfants Québec, 2004, 64 p.

  - ➤ Dauray, Chantal, *Réinventez vos cérémonies, fêtes et rituels*, Montréal, Stanké, 2004.

  - ➤ *Comment résister au Noël marchand ?* débat entre Francine Tardif et Dominique Boisvert dans la revue *Relations*, n° 673, décembre 2001.

  - ➤ Robinson, Jo et Jean Coppock Staeheli, *Unplug the Chritmas Machine : A Complete Guide to Putting Love and Joy Back in the Season*, New York, Quill, 1991.

Logement

Là encore, la SV ne privilégie pas *une* façon de se loger, qui varie d'ailleurs forcément d'une région ou d'une situation à l'autre. Mais consciente que nos habitations sont de plus en plus vastes tout en abritant de moins en moins de personnes, la SV invite à revoir nos façons de nous loger en fonction de quelques critères : diminution possible des ressources accaparées individuellement, développement des services collectifs, redécouverte des avantages de la communauté.

- **Sur les diverses formes de partage dans l'habitation,** voir la *Confédération québécoise des coopératives* d'habitation (www.coop-habitation.org) et le *Réseau québécois des OSBL d'habitation* (www.rqoh.com). Voir aussi le *Canadian Cohousing Network*, un concept prometteur qui commence à peine à se développer au Québec (www.cohousing.ca).

- **Pour des ressources techniques,** voir l'*Association des groupes de ressources techniques du Québec* (www.agrtq.qc.ca), le *Groupe de ressources en écodesign* ou GRED (www.ecologieurbaine.net), qui a aussi publié le *Manuel de l'éco-logis* en 2002, le groupe *Archibio* (www.archibio.qc.ca), la revue québécoise *La maison du 21ᵉ siècle* (www.21esiecle. qc. ca) et le groupe *Écohabitation* (www.ecohabita tion.com).

  ➤ McCamant, Kathryn et Charles R. Durrett, *Cohousing : A Contemporary Approach to Housing Ourselves*, Berkeley, The Speed Press, 1993.

  ➤ Norwood Ken et Kathleen Smith, *Rebuilding Community in America : Housing for Ecological Living, Personal Empowerment and the New Extended Family.*

  ➤ Fromm, Dorit, *Collaborative Communities : Cohousing, Central Living and Other New Forms of Housing with Shared Facilities.*

- **Pour les éco-villages** et autres formes de « communautés intentionnelles », voir **Communauté**.

Loisirs, éducation, culture, vacances

On nous promettait la « société des loisirs » ! Miroir aux alouettes que l'on continue d'agiter pour stimuler nos rêves et nos désirs, plus souvent frustrés que comblés. La société marchande tente de nous faire croire aux satisfactions matérielles comme panacée, faisant fi des lois incontournables de la vie : travail, épreuves, effort et mort. Même la culture et l'éducation peuvent aussi devenir une poursuite insatiable et l'occasion d'une consommation compulsive : on peut consommer livres et spectacles avec la même boulimie que les vêtements ou les accessoires de jardin. La SV, là comme ailleurs, rappelle que « la modération a toujours meilleur goût », que les choix conscients sont la clé de la liberté, et que la qualité comble davantage que la quantité. Parmi d'innombrables ressources disponibles, voici en vrac :

- Le *Conseil québécois du loisir* (www.loisirquebec. com) qui regroupe à peu près tout ce qui se fait comme **loisirs** les plus divers au Québec.

- Les nombreuses maisons de la culture montréalaises (http ://www2.ville.montreal.qc.ca/maisons/maisons .htm, de même que tous les centres culturels semblables des diverses municipalités du Québec.

- Les écoles nationales spécialisées, conservatoires et autres lieux d'enseignement qui offrent souvent des spectacles artistiques, des expositions ou d'autres **productions culturelles** gratuitement ou à prix réduit.

- Les activités de **sport local ou amateur,** soit pour y participer activement, soit pour y assister comme spectateur : c'est beaucoup moins cher que le sport professionnel, ça existe dans toutes les régions, c'est généralement meilleur pour la santé et c'est beaucoup plus diversifié.

- Les **ressources collectives**, souvent sous-utilisées et pourtant beaucoup plus riches et diverses que nous ne pourrons jamais en avoir individuellement, que sont les bibliothèques publiques, les cinémathèques (dont celle de l'Office national du film, disponible sur tout le territoire), les phonothèques, les vidéothèques, les joujouthèques, les artothèques qui existent un peu partout et surtout dans les grands centres : on peut y emprunter ou y faire circuler, pour le bénéfice de tous, livres, revues, films, disques, documentaires, jouets et même des œuvres d'art !

- Les *Journées de la culture*, célébrées annuellement à travers le Québec à la fin de septembre, et qui permettent de se familiariser, presque toujours gratuitement, avec les domaines les plus divers de la culture d'ici et d'ailleurs (www.journeesdelaculture. qc.ca).

- Même **la connaissance et l'éducation** prennent des formes nouvelles, comme par exemple l'*Université autrement : dans les cafés* (http ://univcafe. concordia.ca).

- Du côté des **vacances**, signalons le *Bureau international du tourisme social* (www.bits-int.org) et le *Mouvement québécois des camps familiaux* (www.campsfamiliaux.qc.ca).

- *SV, loisirs et vacances*, le dossier du bulletin *Simpli-Cité* du RQSV, vol. 5, nº 2, été 2004.

Santé

Il est utile de rappeler le « triangle vertueux »de la SV : ce qui est bon pour la santé de la planète est généralement également bon pour la santé financière et pour la santé physique des individus. Moins d'automobile, par exemple, entraîne des économies pour le portefeuille et plus d'activité physique. Manger mieux peut être économique (surtout si on diminue la viande) et améliore toujours la santé, aussi bien physique que mentale. Diminuer cigarettes, drogues et alcool ne peut avoir que des effets bénéfiques tant pour le budget que pour la santé. Etc.

- On ne compte plus **les groupes et les approches de santé alternatifs.** On peut consulter, parmi bien d'autres ressources, le *Bottin Santé naturelle et Croissance personnelle* (www.bottin-sante.org), *Alternative santé* (www.alternativesante.com), l'*Annuaire L'Alternative Québec* (www.mylinea.com/ede), le *Regroupement Les Sages-femmes du Québec* (www.rsfq.org) ou le *Réseau Proteus* (www.reseauproteus.net).

- **Pour une approche plus collective de la santé** et de ses réformes, voir la *Coalition Solidarité Santé* (www.solidaritesanté.qc.ca), ou les Directions de la santé publique du Québec (en particulier celle de Montréal à www.santepub-mtl.qc.ca).

- **Sur les rapports entre SV et santé mentale,** voir entre autres *Les quatre clés de l'équilibre personnel* du docteur Robert Béliveau et du psychologue Jacques Lafleur (Éd. Logiques, 1994) et les travaux récents du docteur Peter C. Whybrow, *American Mania : When More is Not Enough*, USA, WW Norton & Company, 2004, 352 p. (www.simpleliving.net/seedsofsimplicity/mental_health.asp).

➤ Voir également Swenson, Richard A., *The Overload Syndrome. Learning to Live Within Your Limits*, Colorado Springs, Navpress, 1998, et *Restoring Margin to Overload Lives. A Companion Workbook to Margin and the Overload Syndrome* (*idem*, 1999).

• **Sur la question des OGM** et des rapports entre alimentation et santé, voir **Alimentation**.

Solidarité et justice sociale

Énormément de groupes pourraient se retrouver sous ce thème. Nous avons choisi de privilégier ici les solidarités internationales et de plus justes rapports entre les pays du Nord et ceux du Sud.

• Nous ne donnerons pas ici les coordonnées de tous les **groupes qui travaillent à l'étranger ou ici même**, financièrement, en personnel ou autrement, à rapprocher les peuples et à favoriser une plus grande justice (Développement et Paix, SUCO, Oxfam, Alternatives, CECI, Club 2/3, Carrefour Tiers-Monde, Comité de solidarité internationale de Trois-Rivières et tant d'autres). Contentons-nous de signaler l'*Association québécoise des organismes de coopération internationale* (AQOCI) qui regroupe la plupart d'entre eux : 180, Ste-Catherine Est, bureau 510, Montréal, H2X 1K9 ; tél. : (514) 871-1086 ; www.aqoci. qc.ca ; et le regroupement équivalent au niveau canadien, le *Conseil canadien pour la coopération internationale* (CCCI), www.ccic.ca.

• Parmi les dossiers majeurs sur cette question, on trouve **la dette du tiers-monde** qui fait l'objet d'une mobilisation croissante depuis la fin des années 1990. À ce sujet, voir le *Comité pour l'annulation de la dette du tiers-monde* (www.cadtm.org).

- Parmi toutes les **initiatives de coopération directe entre le Nord et le Sud,** je tiens à signaler *Cyclo Nord-Sud* comme particulièrement exemplaire de ce que les gestes les plus simples peuvent faire pour changer le monde (dans ce cas-ci, il s'agit de recycler des bicyclettes usagées d'ici qui deviennent là-bas aussi bien des moyens de transport pour les personnes et les marchandises que des sources d'énergie pour les villages) : voir www.cyclonordsud.org.

- Dans le domaine de **l'information alternative sur ces questions,** voir la section canadienne francophone du réseau mondial *OneWorld Network* à http ://fr.ca.oneworld.net.

Spiritualité

On parle ici de vie intérieure, de sens à la vie, de quête spirituelle aussi diverse qu'il y a d'individus. La SV n'est liée à aucune religion en particulier. Mais elle comporte évidemment des points de convergence avec beaucoup de traditions religieuses et spirituelles, particulièrement par la recherche de l'essentiel et la préoccupation de se donner l'espace et le recul nécessaires pour faire ses propres choix. Pour certains auteurs de la SV, il s'agit là d'une dimension essentielle de la SV.

- Certains groupes de SV sont nés de motivations explicitement religieuses, comme *Alternatives for Simple Living*, créé dès 1973 par des protestants américains et qui est toujours aussi actif 30 ans plus tard (www.simpleliving.org).

- La plupart des groupes de SV n'ont pas d'affiliation religieuse comme telle, même quand leurs membres peuvent être particulièrement motivés par telle ou telle tradition. C'est généralement à travers des livres qu'on explicite ces liens spirituels. Parmi les très nombreux ouvrages en ce sens, voici quelques suggestions.

➣ Kavanaugh, John Francis, *Following Christ in a Consumer Society. The Simplicity of Cultural Resistance*, New York, Orbis Books, 1982.

➣ Schut, Michael (sous la direction de), *Simple Living, Compassionate Life : A Christian Perspective*, Denver, Living The Good News, 1999.

➣ Whitmire, Catherine, *Plain Living : A Quaker Path to Simplicity*, Notre-Dame, Sorin Books, 2001.

➣ Fields, Taylor, Weyler et Ingrasci, *Chop Wood Carry Water : A Guide to Finding Spiritual Fulfilment in Everyday Life*, New York, Putnam, 1984, 287 p.

➣ Miller, Timothy, *Le bonheur de vivre simplement*, Montréal, Le Jour, 2000 (traduction de *How to Want What You Have : Discovering the Magic and Grandeur of Ordinary Existence*, 1995).

➣ Levey, Joël et Michaelle, *Living in Balance : A Dynamic Approach for Creating Harmony and Wholeness in a Chaotic World*, Berkeley, Conari Press, 1998 (tradition bouddhiste).

➤ Janzen Longacre, Doris, *Living More With Less*, Pennsylvania, Herald Press, 1980 (tradition mennonite).

➤ Bender, Sue, *Plain and Simple : A Woman's Journey to the Amish*, San Francisco, Harper, 1989.

➤ Kirschner, Josef, *Vivre heureux avec le strict nécessaire*, Montréal, Le Jour, 1983 (tradition juive)

➤ Moore, Thomas, *Quand le monde retrouve son âme* (*The Re-Enchantment of Everyday Life,* 1996), Tournai, La Renaissance du Livre, 2001.

➤ Rohr, Richard, *Simplicity : The Art of Living* (1992) et *Simplicity : The Freedom of Letting Go* (a revised and updated edition, 2003) New York, Crossroad Publishing, (tradition catholique).

➤ Easwaran, Eknath, *La vie comme un message : Retrouver l'harmonie avec soi-même, avec les autres et avec la Terre* (*The Compassionate Universe : The Power of the Individual to Heal the Environment,* 1989), Montréal, Bellarmin, 1999.

➤ VandenBroeck, Goldian (éditeur), *Less is More : The Art of Voluntary Poverty : An Anthology of Ancient and Modern Voices Raised in Praise of Simplicity*, Rochester, Inner Traditions International, 1991 (1978).

Temps

C'est sans doute l'un des besoins les plus cruellement ressentis par nos contemporains. Pourquoi n'avons-nous donc jamais le temps ? Où est passé le temps qui file ? En cette époque d'accélération continue, est-il permis de ralentir ? C'est un thème cher à la SV : il nous faut casser la course infernale et prendre le temps de voir, de goûter, de rencontrer, de vivre.

- **Les livres sur le temps et sa gestion** ne cessent de se multiplier : Jean-Louis Servan-Schreiber, *L'art du temps*, 1983, et *Le nouvel art du temps*, 2000 ; Bruno Jarrosson, *Briser la dictature du temps*, 1993 ; Nicole Aubert, *Le culte de l'urgence. La société malade du temps*, 2003 ; etc.

- Pour une réflexion **plus directement liées à la SV**, voir entre autres Pradervand Pierre, *Vivre le temps autrement*, Genève, Éd. Jouvence, 2004, 94 p.

- Voir aussi tout ce qui se développe dans la mouvance du **mouvement « slow »** à travers le monde. En particulier le livre de Carl Honoré, *In Praise of Slow. How a Worldwide Movement is Challenging the Cult of Speed*, Canada, Alfred A. Knopf, 2004, 310 p. (présentement en traduction), de même que son site Internet (www.inpraiseofslow.com) et le dossier *Ralentissez ! Bienvenue dans l'ère du « slow »* publié dans le *Courrier international* du 23 décembre 2004 au 5 janvier 2005. Voir aussi le site Internet de l'antenne québécoise du mouvement www.slowfoodquebec.com.

- Voir aussi le *Take Back Your Time Day*, **journée annuelle** que l'on célèbre aux États-Unis depuis le 24 octobre 2003 et qui vise à sensibiliser la population américaine à l'excès de travail que l'on (s')impose de plus en plus (www.timeday.org). Cette initiative est parrainée par le Simplicity Forum, cette alliance des leaders de la SV aux USA. À ce sujet, on a publié « The official handbook of the national movement », un recueil de textes d'une trentaine d'auteurs sur autant d'aspects de la question, sous le titre *Take Back Your Time. Fighting Overwork and Time Poverty in America*, sous la direction de John De Graaf, le producteur de la série *Affluenza*, et publié par Berrett Koehler Publishers à San Francisco, 2003, 270 p. Voir aussi la Journée de la lenteur, habituellement célébrée à Montréal pour le solstice d'été, le 21 juin, par un groupe qui s'appelle Les lents d'Amérique.

- Voir aussi **Travail**.

Transport

Une des sources principales de pollution atmosphérique quand il est individuel, le transport doit nécessairement devenir plus collectif. Mais ce thème pose aussi la question dérangeante de la mobilité humaine : celle-ci est-elle un droit individuel absolu ? Ou se peut-il que le droit à la mobilité soit plutôt relatif et limité en fonction des ressources collectives et de la sauvegarde du bien commun ? Perspective autrement plus radicale que celle qui appelle au simple remplacement de l'automobile conventionnelle par des modèles hybrides, même si ces derniers représentent évidemment une amélioration significative. Là encore, les ressources sont en croissance rapide. Signalons :

- Sur la réflexion du RQSV à ce sujet, voir le dossier du bulletin *Simpli-Cité*, vol. 5, n° 1 (printemps

2004) au www.simplicitevolontaire.org/rqsv/bulletin.htm.

- Bergeron, Richard, *Le livre noir de l'automobile. Exploration du rapport malsain de l'homme contemporain à l'automobile*, Montréal, Éd. Hypothèse, 1999, 437 p.

- Bergeron, Richard, *L'économie de l'automobile au Québec. Poser la question du financement des transports collectifs suivant de nouveaux termes de référence*, Montréal, Éd. Hypothèse, 2003, 69 p. (disponible sur Internet à www.cremtl.qc.ca/fichiers-cre/files/pdf223.pdf).

- **Pour les alternatives au transport individuel,** voir la section « Transport écologique » du site www.equiterre.org et en particulier son programme *Cocktail transport* (voir aussi **Environnement**).

- **Et pour une façon différente d'utiliser l'auto** individuelle, voir le site du service québécois d'auto-partage *CommunAuto* qui permet d'allier les avantages de l'automobile privée avec la propriété collective, et qui offre maintenant ses services dans plusieurs villes du Québec (www.communauto.com), les services semblables ailleurs au pays et dans le monde (www.carsharing.net), les nouveaux services de covoiturage (www.autoduo.com) ou ceux, mieux connus, d'*Allo-Stop* (www.allostop.ca).

- **Sur les rapports étroits qu'entretiennent l'automobile et l'aménagement urbain,** voir Alan T. Durning, *The Car and the City. 24 Steps to Safe Streets and Healthy Communities*, Seattle, Northwest Environment Watch, 1996, 73 p. (www.northwestwatch. org).

- **Sur la remise en question de l'automobile** comme facteur déterminant de nos choix économiques, voir le mouvement mondial *Car Busters* (www.car busters.org) qui est à l'origine de la *Journée mondiale sans voiture* célébrée le 22 septembre (www. carfreeday.ca).

- **Sur les alternatives que constituent la marche et la bicyclette,** voir entre autres la *Fédération québécoise de la marche* (www.fqmarche.qc.cq), et le portail Internet québécois du vélo (www.velo.qc.ca).

- Et finalement, **sur la question beaucoup plus difficile, mais essentielle, du droit à la mobilité,** voir les travaux du *Conseil œcuménique des Églises*, « Mobility : Prospects of Sustainable Mobility » (janvier 1998, www.wcc-coe.org/wcc/what/jpc/mobility.html), « Motorised Mobility, Climate Change and Globalisation » (2000, www.wcc-coe.org/wcc/what/jpc/motorized.pdf) et « Mobile, but not Driven. Towards Equitable and Sustainable Mobility and Transport » (juin 2002, www.wcc-coe.org/wcc/what/jpc/mobile.pdf).

Travail

Sujet inséparablement lié à l'argent et à son besoin plus ou moins grand, réel ou supposé. Aurait-on le même rapport au travail si l'on n'avait pas besoin de « gagner sa vie » ? Le travail n'est-il qu'un esclavage rémunéré ? Ou peut-on arriver, concrètement et graduellement, à rapprocher davantage notre travail nécessaire de ce que serait notre travail souhaité ?

- **Notre rapport au travail change** considérablement. Trois documentaires vidéo récents en témoignent : *Les oubliés du XXIe siècle, ou la fin du travail*, de Jean-Claude Bürger (production ONF, 2000, 52 min) ; *L'emploi du temps*, de Carole Poliquin (Les productions ISCA, 2000, 57 min) ; et *Méchante job*, de Ève Lamont (Les productions du Rapide Blanc, 2001, 70 min).

- **La possibilité de vivre sans travail ou avec des revenus moindres** a plusieurs fois été traitée, entre autres par Charles Long, *Sans salaire. Une façon différente de vivre (How to Survive Without a Salary*, 1981), Montréal, Éditions Inédi, 1984, 255 p. et par le best-seller de Ernie Zelinski, *L'art de ne pas travailler. Petit traité d'oisiveté active à l'usage des surmenés, des retraités et des sans-emploi*, Montréal, Stanké, 1998.

- **Sur les étapes pour modifier son rapport au travail,** voir John D. Drake, *Ralentir. Travailler moins, vivre mieux*, Montréal, Écosociété, 2001, 153 p.

- **Sur la tendance lourde à toujours augmenter le temps alloué au travail,** voir Juliet B. Schor, *The Overworked American, The Unexpected Decline of Leisure*, New York, Basic Books, 1992.

- **Sur la plus récente révolte contre le travail actuel,** voir le best-seller de Corinne Maier, *Bonjour paresse. De l'art et de la nécessité d'en faire le moins* *possible en entreprise*, Paris, Éd. Michalon, 2004, sans oublier les classiques toujours d'actualité comme *Le droit à la paresse*, manifeste de Paul Lafargue sans cesse réédité depuis 1883 !

Vêtements

Terrain privilégié de la mode et lieu d'exploitation des femmes (vous êtes-vous déjà demandé pourquoi les vêtements féminins coûtent toujours, comparativement, beaucoup plus cher que ceux des hommes ?). Nécessité corporelle certes (sous nos climats !), mais aussi expression esthétique et de conventions culturelles. Il ne peut donc y avoir de vêtements SV unisexe et multi-âge ! Mais là, souvent encore plus qu'ailleurs, s'impose la nécessité de distinguer entre ce qui est besoin et ce qui est désir.

- On ne compte plus les *friperies, bazars, ressourceries* et autres *ventes de garage*. Certains intérêts financiers en ont même fait de véritables chaînes de magasins (les *Villages des valeurs*) qui ne respectent pas toujours l'intention originale des donateurs. Mais dans tous les cas, on peut s'habiller très convenablement à moins cher.

- On peut bien sûr aussi privilégier l'échange de vêtements, non seulement pour les jeunes enfants qui grandissent vite (ce qui devrait aller de soi, plutôt que de toujours acheter du neuf), mais également entre adultes : combien de fois le chandail ou l'ensemble que je suis fatiguée de porter ne pourrait-il pas faire l'envie d'un membre de la famille, d'une voisine ou d'une collègue de travail ?

- On peut toujours trouver de bonnes adresses ou de bonnes occasions dans des outils de référence comme *Le consommateur averti*, *Le petit Paradis* (voir **Consommation**), etc.

- Dans ce domaine comme ailleurs, même si on y est beaucoup moins habitué, il y a place pour le partage, le recyclage et la réutilisation, et pas seulement en donnant ses vieilles choses pour s'en acheter des nouvelles. Voir par exemple les endroits où on peut récupérer et recycler les tissus, comme les éco-quartiers de la ville de Montréal, ou les entreprises d'économie sociale comme la *Friperie La Gaillarde* (www.friperielagaillarde.com). Voir aussi **Communauté**.

- Il existe aussi des outils comme *De quoi j'ai l'air ? Qu'est-ce que je porte ? Qu'est-ce que je supporte ?*, une trousse pédagogique d'éducation à la citoyenneté sur le thème du vêtement, préparée par Éloïse Simoncelli-Bourque, Chaire de recherche du Canada en éducation relative à l'environnement de l'UQAM – Agence canadienne de développement international, 2004.

Chapitre I

1. Le RQSV est né d'un besoin perçu par Serge Mongeau. Il donnait alors des conférences sur la SV quelques fois par semaine à travers le Québec. Bien des personnes se sentaient isolées ou marginales avec leur intérêt pour la SV. Existait-il un regroupement quelque part auquel on pouvait se joindre? Où pouvait-on s'adresser pour en savoir plus, une fois la conférence terminée? Créé le 8 avril 2000 de façon très embryonnaire, le RQSV s'est rapidement donné un bulletin d'informations, *Simpli-Cité*, et un site Internet ouvert au grand public. Constitué légalement en mai 2002 comme organisme à but non lucratif, le RQSV organise ou participe, déjà à partir d'octobre 2000, à plusieurs rencontres publiques, colloques annuels et sessions de formation. Il tient aussi une assemblée générale annuelle de ses membres depuis avril 2003. Pour plus d'informations sur le RQSV, voir la partie « Ressources », p. 103.

Chapitre II

1. Quelques exemples parmi d'autres : **Duane Elgin** définit la SV comme « une manière de vivre qui est extérieurement plus simple et intérieurement plus riche » (*Voluntary Simplicity*, p. 25). « Vivre simplement, écrit **Pierre Pradervand**, n'est rien d'autre que la recherche de cohérence entre des objectifs de vie, des valeurs qui nous sont chères, et notre style de vie quotidien », ajoutant que « la simplicité – qu'on peut définir comme la capacité de se débarrasser de tout le superflu (mental autant que matériel) – s'invente par l'exercice quotidien » (*Découvrir les vraies richesses*, p. 16-17). **Mark A. Burch** en parle comme d'« un mouvement social, une ouverture spirituelle, une esthétique, une façon d'assurer son existence, mais pas un style de vie » , avant de décrire « la grande diversité de gens qui la pratiquent sans même lui donner un nom » (*La voie de la simplicité*, p. 23). **Janet Luhrs** écrit que « vivre simplement, c'est vivre consciemment : c'est tout » ajoutant que « la simplicité, c'est s'arrêter un moment et se demander ce que diable nous faisons de notre vie » (*The Simple Living Guide*, p. xiv et xvi). Apportant l'éclairage moins connu des pays du Sud, **Majid Rahnema** y voit une sorte de « pauvreté réinventée », citant entre autres Emmanuel Mounier qui écrivait : « Peut-être, après avoir, pendant des siècles, expérimenté la pauvreté en esprit dans la pauvreté matérielle, l'humanité est-elle appelée à la plus difficile épreuve de la pratiquer dans l'abondance matérielle » (*Quand la misère chasse la pauvreté*, p. 285). En une contradiction plus apparente que réelle, **Serge Mongeau** la définissait ainsi dès 1985 : « La simplicité n'est pas la pauvreté ; c'est un dépouillement qui laisse plus de place à l'esprit, à la conscience ; c'est un état d'esprit qui convie à apprécier, à savourer, à rechercher la qualité ; c'est une renonciation aux artefacts qui alourdissent, gênent et empêchent d'aller au bout de ses possibilités » (*La simplicité volontaire ou comment harmoniser nos relations entre*

humains et avec notre environnement, p. 135). Et le philosophe américain **Jerome M. Segal** parle, lui, de « simplicité gracieuse », au sens de « prendre le temps de rendre hommage à la valeur de ce que vous faites, au prix de ceux qui vous tiennent à cœur et aux biens que vous possédez » (*Graceful Simplicity*, p. 160) tandis que l'essayiste international **Ivan Illich** et l'écologiste québécois **Pierre Dansereau** en parlent tous les deux depuis longtemps comme de la nécessaire « austérité joyeuse ».

2. *The Value of Voluntary Simplicity*, article d'abord paru dans le journal indien *Visva-Bharati Quaterly* en août 1936, puis repris la même année par le centre Quaker Pendle Hill de Willingford, en Pennsylvanie (on peut le consulter sur Internet à www.pendlehill.org/pdf %20files/php003.pdf). *The Value of Voluntary Simplicity* n'a jamais été, à ma connaissance, traduit en français. Ce court texte (une vingtaine de pages) demeure néanmoins un document fondateur. Non seulement l'auteur y a forgé l'expression « simplicité volontaire » mais il y fait également preuve d'une perspicacité véritablement visionnaire. On reste étonné de la modernité du propos, alors que la société de consommation n'est encore qu'en germe et que la plus grande partie de la technologie, qui domine présentement notre modernité beaucoup plus qu'elle ne la sert, est encore pratiquement insoupçonnée du grand public : qu'on pense à la fusion de l'atome, aux explorations spatiales et au développement exponentiel de l'électronique, par exemple.

Chapitre III

1. D'autres auteurs parlent de 4, 7... ou 15 portes d'entrée pour la SV ! Le Simplicity Matters Earth Institute, au Maryland, a dessiné une « roue de la simplicité volontaire » dont le moyeu est la SV et les 15 rayons, autant de voies par lesquelles on peut être attiré ou conduit vers le centre : la quête spirituelle ou philosophique ; le sentiment

d'avoir l'esprit encombré de préoccupations vaines et d'informations inutiles (*junking*) ; l'impression de n'avoir aucun choix ; de mener une vie qui manque de beauté et d'harmonie ; de manquer de temps et de toujours courir ; l'insatisfaction par rapport à son travail ; le sentiment d'avoir peu de contrôle sur l'argent que l'on dépense ; d'être soumis aux pressions commerciales ou de son entourage ; d'être incapable de résister aux pressions consuméristes des enfants ; d'être entouré de trop de choses ou de biens matériels ; d'être « déconnecté » de sa famille et de sa communauté ; le fait d'avoir des préoccupations de justice sociale localement et globalement ; la conscience des enjeux environnementaux ; la préoccupation de la qualité de son alimentation ; le fait d'avoir des problèmes de santé (voir www.simplicity-matters.org).

Chapitre IV

1. La terminologie est encore très fluctuante, dans toutes les langues et les cultures. La SV, comme on l'a déjà vu, porte des noms différents d'un pays à l'autre et souvent dans un même pays. Quant à ses adeptes, on ne sait trop comment les appeler, tant en anglais (*simplifier* ne veut pas dire la même chose que *simple-lifer*) qu'en français : sommes-nous des simplicitaires, des frugalistes, des simpliterriens, des essentialistes, des simplificateurs volontaires ? La question n'est certes pas encore prioritaire, même si la façon de nommer la réalité est beaucoup plus importante qu'on le croit souvent.

2. Même s'ils n'ont pas choisi leurs conditions précaires, les mal pris et même les miséreux peuvent néanmoins eux aussi bénéficier de tous ces trucs pratiques ou services collectifs qui permettent d'économiser ou de vivre à petit budget : comptoirs d'échanges, ressourceries, bibliothèques, meilleurs transports en commun, services communautaires, etc. Sans compter que le développement de « modèles sociaux » alter-

natifs, c'est-à-dire la présence grandissante de personnes qui trouvent leur bonheur ailleurs que dans la poursuite de la richesse et des biens matériels, ne peut qu'atténuer un peu les sentiments d'intense frustration et d'envie que la société actuelle impose aux plus démunis.

Chapitre V

1. *The Value of Voluntary Simplicity*, voir note 2, chap. II. La traduction française est de nous.

2. Chiffres tirés du *State of the World 2004*, publié par le Worldwatch Institute et dont le dossier porte cette année-là sur la consommation dans le monde.

Chapitre VI

1. Cité par Alan Durning dans *How Much is Enough ?*, p. 144-145 (la traduction est de nous). On trouve bien d'autres exemples et citations semblables dans plusieurs livres et sites Internet portant sur la SV, de même que dans les recueils de citations célèbres.

2. *Ibid.*

3. On ne compte plus les publications, groupes de discussion, ressources Internet et même les documents audiovisuels qui portent sur la SV ou sur l'une ou l'autre de ses composantes. Tout au long de la rédaction de ce livre, je n'ai cessé d'en découvrir de nouveaux et je suis bien loin d'en avoir fait le tour. On trouvera, dans la partie « Ressources » de ce livre, la référence à un certain nombre d'entre eux que nous avons jugés particulièrement utiles ou importants, soit en raison de la qualité même du contenu, soit pour des raisons histo-riques ou encore parce qu'ils fournissent eux-mêmes une foule d'autres références utiles pour approfondir divers aspects de la SV.

4. Sur cette question, voir Louis Chauvin, *An Ethic of Simplicity : For Life's Sake*, thèse de doctorat à l'Université Concordia, juillet 2002, p. 25-46.

Chapitre VIII

1. Version légèrement modifiée d'un texte d'abord rédigé pour le dossier de la *Revue Notre-Dame* de mars 2000, « Simplifier sa vie : pourquoi pas ? ».

2. Voir également le chapitre XVII et sa note 1.

3. L'organisme Équiterre a développé ce secteur appelé Agriculture soutenue par la communauté ou ASC, version québécoise d'un mouvement déjà bien implanté aux USA (voir www.equiterre.org/agriculture/).

4. Aussi surprenant que cela puisse sembler au premier abord, il y a là une attitude fondamentalement différente et positive à développer vis-à-vis de l'argent : voir Pierre Pradervand, *Gérer mon argent dans la liberté*, p. 63, mais aussi p. 59 et suiv.

Chapitre X

1. C'est à la fois le titre de son plus récent livre (Frank Levering et Wanda Urbanska, Winston Salem, John F. Blair Publisher, 2004) et le leitmotiv de sa série d'émissions de télévision consacrées à la pratique de la SV au quotidien. Voir www.simplelivingtv.net.

Chapitre XI

1. D'abord publié en anglais en 1992, *Your Money or Your Life ?* a depuis été traduit dans un grand nombre de langues et l'édition française a été publiée aux Éditions Logiques de Montréal en 1997. Avec la New Road Map Foundation, mise sur pied par Dominguez et Robin, ce livre a beaucoup contribué à la diffusion de la SV aux USA, d'autant plus

que Vicki Robin a été l'une des instigatrices du Simplicity Forum (voir chapitre XIX).

Chapitre XIII

1. Laure Waridel, *L'envers de l'assiette, et quelques idées pour la remettre à l'endroit*, Écosociété, 2003. Ce livre est un des bons outils pour cerner les multiples enjeux de l'alimentation et a l'avantage d'être écrit dans une perspective québécoise, avec des exemples locaux et des suggestions applicables ici.

2. Mathis Wackernagel et William Rees, *Notre empreinte écologique*, Écosociété, 1999. Cet ouvrage important et très pédagogique a pour but de fournir un moyen concret de mesurer l'impact sur la planète de chacune de nos activités humaines, offrant ainsi un outil de comparaison irremplaçable pour nous aider dans nos choix : est-il plus coûteux (pour la planète), et de combien, d'utiliser une bicyclette, une auto, un autobus ou un train pour faire une même distance ? Et comment se comparent, écologiquement, le coût d'une tomate cultivée en serre et celui d'une tomate des champs ? L'utilisation d'une piscine familiale et de celle du quartier ? Celui de se sécher les mains avec du papier et celui de le faire avec un séchoir électrique ? Etc.

Chapitre XIV

1. *Ibid.*, p. 139.

2. Voir entre autres son plus récent livre, *Acheter c'est voter. Le cas du café*, Montréal, Écosociété, 2005, et ses nombreuses chroniques sur le même thème à l'émission *Indicatif présent* de Radio-Canada (www.src.ca/radio/indicatifpresent/chroniques/listing.asp?idChronique=63).

Chapitre XV

1. Pour son histoire, ses activités et ses nombreuses publications, voir www.simpleliving.org.

2. Voir note 1, chap. XI.

3. En particulier dans *Stepping Lighty* publié en français sous le titre *La voie de la simplicité* : voir note 3, chap. XIX.

Chapitre XVI

1. Il ne s'agit pas d'une erreur d'orthographe. Le mot nonviolence, habituellement écrit en français avec un trait d'union, a l'inconvénient d'être perçu comme négatif, simple absence de violence ou passivité amorphe. Faute d'une traduction française plus satisfaisante des deux mots gandhiens *ahimsa* et *satyagraha*, plusieurs commencent à écrire nonviolence en un seul mot pour lui redonner son plein sens de « force intérieure et de discipline de vie permettant de canaliser la colère et la peur dans la direction de l'amour et de l'éveil des consciences » (Bernard Ménard, dans *Et si l'Amour était le plus fort*, Ottawa, Dunamis, 2001, p. 196).

Chapitre XVII

1. Équiterre est un groupe environnemental qui fait à la fois la promotion du commerce équitable, de l'agriculture soutenue par la communauté, de l'efficacité énergétique et du transport moins polluant. Dans ce domaine, il propose d'utiliser un « cocktail transport », c'est-à-dire une grande diversité de moyens de transport en fonction des besoins spécifiques et différents que l'on peut avoir en ville : transport en commun, propriété collective d'une auto (CommunAuto), location de véhicule, covoiturage, bicyclette ou marche à pied. La combinaison de ces divers moyens est habituellement beaucoup plus économique pour les individus et beaucoup moins énergivore et polluante pour la collectivité que l'usage de l'automobile privée. On peut même, sur le site, calculer les économies que l'on peut faire grâce au cocktail transport. Voir www.equiterre.org/ transport/transportez/.

Chapitre XVIII

1. Voir note 4, chap. VI.

2. Voir note 1, chap. I.

3. Ce n'est pas le lieu d'expliquer longuement la naissance de ce mouvement social essentiel, de même que sa croissance extrêmement rapide et impressionnante depuis la fin de 1999. Au point qu'il est devenu un acteur international incontournable dans les débats sur l'avenir de la mondialisation. Pour une histoire du mouvement qui se lit aussi facilement qu'un grand reportage, voir Bernard Cassen, *Tout a commencé à Porto Alegre*, Paris, Éditions Mille et une nuits, 2003, 220 pages.

Chapitre XIX

1. Le sociologue Paul H. Ray et la psychologue Sherry Ruth Anderson estiment à 26 % des Américains, soit plus de 50 millions de personnes, le nombre de gens qui ont commencé à modifier leur vision du monde et leur style de vie dans le sens des valeurs alternatives proches du courant de la SV : *L'émergence des créatifs culturels. Enquête sur les acteurs d'un changement de société*, Éditions Yves Michel, 2001.

2. Pour plus d'informations sur le Simplicity Forum et ses premières conférences annuelles, voir www.simpleliving.net/simplicityforum. Le seul document en français que je connaisse sur le SF est le compte-rendu de la première participation du RQSV au Simplicity Forum (en août 2004) que l'on pourra trouver au www.simplicitevolontaire.org/agora/ailleurs.htm#usa.

3. *Simplicity : Notes, Stories and Exercises for Developing Unimaginable Wealth* (1995), et *Stepping Lightly : Simplicity for People and the Planet* (2000), tous deux publiés par New Society Publishers, Gabriola Island, BC. *Stepping Lightly* a été publié en français aux Éditions Écosociété sous le titre *La voie de la simplicité. Pour soi et la planète* (2003). Mark A.

Burch termine présentement la rédaction de deux autres volumes consacrés à la SV et il a aussi publié de nombreux articles, en plus d'un guide d'animation pour 10 rencontres d'un groupe de discussion sur la SV (1997), guide qui est disponible en français au RQSV.

4. Voir www.mindfulcanada.com.

5. Voir www.otesha.ca.

6. Généralement aux Éditions Jouvence de Genève, parmi lesquels presque tous les livres de Pierre Pradervand (voir note suivante) et ceux de René Blind et Michael Pool (entre autres *Du trop avoir au mieux-être. Vivre mieux avec moins* en 2001).

7. En particulier *Découvrir les vraies richesses. Pistes pour vivre plus simplement* (1996), et plusieurs petits guides pratiques dont *La vie simple* (1999), *Gérer mon argent dans la liberté* (2004) et *Vivre le temps autrement* (2004), tous publiés aux Éditions Jouvence à Genève.

8. *Silence*, 9 rue Dumenge, F-69317, Lyon, Cedex 04, France; www.revuesilence.net.

9. Voir entre autres le volume collectif *Objectif décroissance, vers une société viable*, co-édité par les Éditions Parangon en France et Écosociété au Québec, 2003, où l'on retrouve tous les principaux auteurs associés à cette réflexion.

10. Voir http://fetelevousmeme.monsite.wanadoo.fr/.

Les Éditions Écosociété
De notre catalogue

Objectif décroissance
OUVRAGE COLLECTIF

Sur une planète finie, la croissance économique infinie est impossible. Pour que se déploie une «économie saine», les pays riches devraient réduire leur production et leur consommation. Une démarche de décroissance devra aller au-delà d'une simple réduction de la production et de la consommation : il faudra développer et encourager politiquement un modèle économique complètement différent. ISBN 2-921561-91-3. 262 pages.

La simplicité volontaire, plus que jamais...
SERGE MONGEAU

«Quand je pense aux conséquences négatives de la société d'abondance, je pense à la vie de tous les jours, à la santé, au travail, à l'amour, à la communauté, au bonheur, tout cela qui ne s'achète pas ou, quand on croit pouvoir l'acheter, coûte finalement trop cher, car on doit sacrifier le meilleur de sa vie à gagner de quoi le payer.» ISBN 2-921561-39-5. 272 pages.

La voie de la simplicité
Pour soi et la planète
MARK A. BURCH
TRADUIT DE L'ANGLAIS PAR GENEVIÈVE BOULANGER ET FRANÇOISE FOREST

La simplicité volontaire n'est pas une fin, mais un moyen : un moyen pour ramener sa consommation à un niveau plus cohérent avec ses vraies valeurs, pour pouvoir choisir parmi ce qui est offert, dans le sens d'un épanouissement véritable. Cet ouvrage renseignera les nombreuses personnes intriguées par la simplicité volontaire ; il aidera aussi celles qui ont déjà amorcé une démarche en ce sens à poursuivre leur réflexion et à approfondir leur choix. ISBN 2-921561-84-0

Ralentir
JOHN D. DRAKE
TRADUIT DE L'ANGLAIS PAR FRANÇOISE FOREST, PRÉFACE DE SERGE MONGEAU

Vous en avez assez de travailler 12 heures par jour et voulez réduire votre train de vie ? Vous souhaitez consacrer plus de temps à votre vie personnelle et familiale mais ne savez pas trop comment y arriver ? *Ralentir* vous aidera à troquer votre vie trépidante contre un mode de vie moins centré sur le travail, plus épanouissant. ISBN 2-921561-60-3

LES ÉDITIONS
écosociété
M O N T R É A L

Faites circuler nos livres.

Discutez-en avec d'autres personnes.

Inscrivez-vous à notre Club du livre.

Si vous avez des commentaires, faites-les-nous parvenir; il nous fera plaisir de les communiquer aux auteurs et à notre comité éditorial.

Les Éditions Écosociété
C.P. 32 052, comptoir Saint-André
Montréal (Québec)
H2L 4Y5

Courriel : info@ecosociete.org
Toile : www.ecosociete.org

NOS DIFFUSEURS

EN AMÉRIQUE **Diffusion Dimédia inc.**
539, boulevard Lebeau
Saint-Laurent (Québec) H4N 1S2
Téléphone : (514) 336-3941
Télécopieur : (514) 331-3916

EN FRANCE **DG Diffusion**
ET EN BELGIQUE Rue Max-Planck, B.P. 734
F31863 Labège CEDEX
Téléphone : 05 61 00 09 99
Télécopieur : 05 61 00 23 12
Courriel : dg@dgdiffusion.com

EN SUISSE **Diffusion Fahrenheit 451**
Rue du Valentin 11
1400 Yverdon-les-Bains
Téléphone et télécopieur : 024 / 420 10 05
Courriel : librarie@fahrenheit451.ch

---

*Achevé d'imprimer en mai 2005 par les travailleurs
et les travailleuses de l'imprimerie Gauvin, Gatineau (Québec),
sur papier certifié Éco Logo contenant 100 % de fibres post-consommation.*